VAN girls

MANDY RAASCH

VAN girls

STARKE FRAUEN & IHR UNGEBUNDENES LEBEN IM CAMPERVAN

BRUCKMANN

Inhaltsverzeichnis

Vorwort **VAN girls** 10

STARKE FRAUEN UND IHR UNGEBUNDENES LEBEN IM CAMPERVAN

1. Kapitel **Van und Girls** 14

ALS FRAU ALLEIN REISEN, UND DANN NOCH IM CAMPERVAN?

Vanlife – nur ein Trend oder ein Lebensstil? 16

Wie finde ich den perfekten Van? 24

Vanlife-Basics 38

Vanlife: Tipps & Tricks 45

Der Vanlife-Alltag 64

Das digitale Nomadentum – Arbeiten unterwegs 87

Hund und Van – eine gute Idee? 96

Vanlife sucks ... sometimes.
Die Realität abseits von Instagram 108

2. Kapitel **Frauen allein unterwegs** 125

ERFAHRUNGEN & INTERVIEWS

Anita 126

Anja 130

Daria 134

Eileen 140

Heike 146

Jane 154

Oben: Vanlife an der Westküste Portugals
Unten: Treffen mit Freunden in Spanien

Lilli 158

Kerstin 164

Lisa 166

Liselle 170

Miriam 176

Nadia 180

Rebecca 186

Susanne 190

Tabea 194

Zoe 198

3. Kapitel Reiserouten 208

FÜR DEN START INS VANLIFE

Schweden: Die Südküste entlang 210

Portugal: Roadtrip durch den grünen Norden 218

Eine Reise ans Nordkap (von Rebecca) 228

Nordspanien: Traumstrände, Natur & Kultur 242

Streifzug durch die Türkei (von Lisa) 250

Abschluss Und zum Schluss 262

REGISTER 266

IMPRESSUM 272

Unterwegs auf dem Peloponnes in Griechenland

Surfer in Portugal

VORWORT

VAN Girls

STARKE FRAUEN UND IHR UNGEBUNDENES LEBEN IM CAMPERVAN

Seit 2016 lebe ich im Campervan und reise gemeinsam mit meinem Hund Marko Polo durch Europa. Von Schweden über Finnland und Norwegen, weiter nach Spanien, Portugal bis nach Griechenland … und es ist noch lange kein Ende in Sicht.

In den letzten Jahren unterwegs im Van konnte ich viele Erfahrungen sammeln, über das Leben im Van, über die Eigenarten des »Ständig-unterwegs-Seins«, ich habe Neues über mich selbst gelernt, mein Blick auf das Leben und meine Umwelt hat sich geweitet. Ein Lernprozess, der bis heute andauert und mich derart bereichert, dass ich jeden Tag dankbar darüber bin, die Freiheit des Vanlifes genießen zu dürfen.

In diesem Buch möchte ich dir einen Einblick in den Alltag des Unterwegsseins im Van geben und Impressionen und Erfahrungen anderer alleinreisender Frauen teilen.

Dazu erfährst du:

- warum ich mich für das Leben im Campervan entschieden habe,
- was so spannend ist an diesem Vanlife,
- wie du den passenden Campervan für dich findest,
- welche Basics in keinem Van fehlen dürfen,
- Tipps & Tricks für das Leben auf Rädern,
- wie der Alltag im Van aussieht,
- welche Möglichkeiten es gibt, von unterwegs aus zu arbeiten,
- warum es die beste Idee überhaupt ist, mit Hund zu reisen, und
- wie das Vanlife abseits von Instagram wirklich aussieht.

Im zweiten Teil des Buches kommen 16 alleinreisende Frauen zu Wort, die ich zum Interview eingeladen habe. Sie erzählen über ihren Umzug in den Van, vom Leben unterwegs, von schönen Reisemomenten.

Unterwegs in der Natur – das beste am Leben im Van: du kannst dir deinen »Vorgarten« selbst aussuchen.

Die Schilderungen zeigen, wie unterschiedlich die Motivation für den Umstieg ins Vanlife sein kann und auch die verschiedenen Lebensweisen und täglichen Herausforderungen unterwegs geben genug Stoff zum Träumen und Pläneschmieden! Im dritten Teil findest du einige Reiseempfehlungen für deine erste Tour allein im Campervan. Dafür habe ich schöne und einfache Routen zusammengestellt, die von mir und zwei anderen Frauen bereits erkundet wurden und ideal für Vanlife-Anfängerinnen sind. Aber Vorsicht: Nach dem Lesen wirst du sehr wahrscheinlich den starken Drang verspüren, sofort in einen Van zu springen und loszufahren! Wenn du dieses Risiko in Kauf nehmen möchtest, wünsche ich dir jetzt viel Spaß!

Einsamkeit an einem Stausee in Nordspanien – ein perfekter Ort zum Durchatmen
Folgende Doppelseite: Pause machen und die Ruhe genießen – unterwegs beim Wandern in Nordspanien

Van und Girls

ALS FRAU ALLEIN REISEN, UND DANN NOCH IM CAMPERVAN?

Wie sieht es denn genau aus, dieses Vanlife? Ist es wirklich so toll? Kann das jeder, und vor allem: Wie ist das als alleinreisende Frau? Was gibt es im Vorfeld alles zu beachten und vor allem: unterwegs? Hier erfährst du, welche Schritte notwendig sind, bevor du überhaupt losfahren kannst in deinem Van, welche Anforderungen dich unterwegs erwarten, wie sich das Alltagsleben im Van gestaltet und vieles mehr. Dazu teile ich mit dir alle Tipps und Tricks meiner dreijährigen Van-Erfahrung. Denn ich möchte, dass auch du, liebe Leserin, den Mut findest, deinen Traum vom Leben im Campervan zu verwirklichen. Du wirst schnell feststellen: So schwer ist der Start ins Vanlife nicht!

Vanlife – nur ein Trend oder ein Lebensstil?

Ganz ohne Stress unterwegs sein, die Freiheit und Flexibilität des Reisens genießen, sich auf Natur, Erlebnisse und Begegnungen einlassen, den materiellen Besitz auf das Wesentliche reduzieren – das alles ist Vanlife, das alternative Leben im Campervan.

Früher galt es noch als Randerscheinung, dass Aussteiger und Hippies im Bulli lebten und durch die Welt reisten. Heute stößt das Leben im Campervan auf immer breiteres Interesse. Viele sind mit ihrem Van am Wochenende unterwegs, andere unternehmen wochenlange Roadtrips und einige wenige verbringen ihr Leben im Van, ganz nach dem Motto »Heute hier, morgen dort – aber überall zu Hause«.

Die Vanlife-Bewegung startete ursprünglich in den USA. Das Magazin The New Yorker schrieb 2017 in einem Artikel zum Thema Vanlife, es sei eine neue Social-Media-Bewegung von Bohemiens – ein neumodisches Aussteigerverhalten junger Menschen, die die Möglichkeiten der Digitalisierung nutzen und ihren Arbeitsplatz einfach mit auf Reisen nehmen. Da ist gewiss etwas dran, aber wie überall gibt es auch hier die unterschiedlichsten Konzepte und Lebensweisen, die auch in den Interviews im zweiten Teil des Buches zum Ausdruck kommen.

In Deutschland hat sich inzwischen eine recht große Community von Vanlife-Fans gebildet, die sich über Facebook, regionale Gruppen oder auf Vanlife-Events austauschen. So entstehen neue Bekanntschaften und Freundschaften, alle mit der gleichen Idee: das Reisen und die Freiheit des Vanlifes genießen. Das Wort »Van« ist dabei ein sehr weit gefasster Begriff. Ob unterwegs im stylishen VW Bulli, mit Dachzelt auf dem Pkw, im fertig ausgebauten Wohnmobil, dem selbst ausgebauten Lkw oder im Expeditionsmobil – letztendlich ist nur wichtig, dass der Van den eigenen Ansprüchen entspricht und man sich darin wohlfühlt. Es geht beim Vanlife um Mobilität, Flexibilität und die damit verbundene Freiheit, für die sich immer mehr Menschen begeistern.

Insassen der Campervans sind hauptsächlich Pärchen oder Familien. Doch inzwischen wagen immer mehr alleinreisende Frauen den Schritt in ein unabhängiges Leben im Van – ich bin eine von ihnen und seit 2016 in meinem mobilen Zuhause unterwegs. Nach über drei Jahren Vanlife stelle ich fest: Zwar interessieren sich immer mehr Frauen für diese Lebensweise, sie haben aber oft nicht den Mut, diesen Schritt allein zu gehen. Um Frauen darin zu bestärken, ihr Ding durchzuziehen, habe ich das Thema auch bereits in

Mit Nima und Steve von abenteuer-unterwegs.de in den Bergen Griechenlands

meinem Blog Movin'n'Groovin (movingroovin.de) aufgegriffen. Schließlich bin ich ein gutes Beispiel dafür, dass das Alleinreisen als Frau gar nicht so schwer ist.

WIE ICH AUF DIE IDEE KAM, IN EINEN CAMPERVAN ZU ZIEHEN

Jahrelang bin ich sehr viel gereist, habe per Flugzeug ein neues Reiseziel binnen weniger Wochen erkundet – Argentinien, Kolumbien, Israel, Marokko … – und so nach und nach meine Reise-Wunschliste abgehakt. Ich wollte immer öfter und länger und noch weiter weg verreisen, neue Länder und Kulturen erkunden und mich auf neue Abenteuer begeben. Doch eines hat immer gestört: So wirklich intensiv kennenlernen konnte ich ein Reiseziel nur selten, war die Zeit doch immer viel zu knapp. Was erfährt man schon von einem Land in nur zwei oder drei Wochen Rundreise?

Nach meinem Start in die Selbstständigkeit 2011 hatte ich bereits einen Plan im Hinterkopf, denn mein Job als Webdesignerin ermöglichte es mir, flexibel von überall aus zu arbeiten. So oft wie möglich nahm ich also meine Arbeit (das Notebook) mit auf Reisen. Im Reiseland mietete ich mir Apartments oder Zimmer, in denen ich in Ruhe arbeiten konnte. Dank meines flexiblen Jobs hatte ich nun mehr Zeit zum Reisen und konnte auf diese Weise das Unterwegssein viel entspannter genießen. Ich stand nicht mehr so unter Zeitdruck, in kurzer Zeit möglichst viel sehen und erleben zu müssen. Das gefiel mir schon sehr gut, allerdings war es noch nicht perfekt … Abgesehen von der anstrengenden und nicht sehr umweltfreundlichen Fliegerei war das Arbeiten auf Reisen weniger produktiv als gedacht. Manchmal eignete sich die Unterkunft einfach nicht ideal zum Arbeiten – schlechte Internetverbindung, zu viel Lärm … – oder ich konnte mich einfach nicht aufraffen, einen Arbeitstag einzulegen, gab es doch so viel Neues vor der Haustür zu entdecken. Auch brauchte ich immer ein paar Tage, um an einem neuen Ort wirklich »anzukommen«; in dieser Zeit war meine Motivation zum Arbeiten und Produktivität eher gering.

Hinzu kam, dass ich weiterhin die Miete und andere laufende Kosten für meine Wohnung in Berlin bestreiten musste. So stand ziemlich schnell die Frage im Raum: Wieso Miete zahlen, wenn ich viel lieber in der Welt unterwegs bin? Aus den anfänglichen Versuchen des digitalen Nomadentums heraus entwickelte sich der Wunsch, zwar viel zu reisen, aber mein Zuhause immer dabeizuhaben. Die logische Konsequenz lautete: Ich brauchte ein rollendes Zuhause, einen Campervan!

Die Idee vom Leben im Van passte einfach perfekt zu meiner Wunschvorstellung: frei und flexibel unterwegs sein, so schnell oder

Oben: Der Weg ist das Ziel …
Unten: Schönste Aussicht am Nordstrand von Nazaré in Portugal

so langsam reisen, wie ich möchte, oder einfach mal gar nichts machen und tagelang am Meer oder in den Bergen bleiben und die Ruhe genießen, arbeiten, entspannen. Damit ist auch der Zeitdruck bei einer Reise kein Thema mehr, denn ich lebe unterwegs und muss nicht nach ein paar Wochen wieder zurück nach Hause.

Die Idee des Minimalismus – den Besitz auf das Wesentliche zu reduzieren – hatte mich schon lange zuvor begeistert und ich sah überhaupt kein Problem darin, mich von einer Zweizimmerwohnung auf einen etwa zwölf Quadratmeter kleinen Raum im Campervan zu beschränken. So war meine Vanlife-Idee geboren – und das, obwohl ich vorher noch nie in einem Wohnmobil unterwegs war! Auch wusste ich zu der Zeit noch nicht einmal, dass es den Begriff »Vanlife« gibt. Mein Beschluss stand also fest: Ich kaufe mir einen Campervan und fahre einfach mal los …

WAS IST SO TOLL AM VANLIFE?

Warum sich immer mehr Menschen für das Leben im Van begeistern, hat die unterschiedlichsten Gründe. Die einen suchen Freiheit, Unabhängigkeit, Abenteuer. Andere wollen aus dem Alltag ausbrechen, einfach losfahren, neue Wege beschreiten. Den gewohnten Trott hinter sich lassen und Neues ausprobieren, Neues lernen. Sich treiben lassen, sich selbst finden, das Leben reflektieren.

Für mich ist das Leben im Van die Erfüllung eines Traums, der schon lange in mir gearbeitet hatte. Die Freiheit und Unabhängigkeit, die Möglichkeit, jeden Tag neue Orte und neue Menschen kennenzulernen, in andere Kulturen einzutauchen … in meinen Augen die perfekte Lebensform, genau so hatte ich es mir immer gewünscht. Die vielen »Tapetenwechsel« unterwegs machen mir Spaß, neue Gegenden und neue Eindrücke geben mir neue Impulse und Ideen. Ich treffe auf neue Herausforderungen und im Idealfall auf nette Menschen, die mich bereichern.

Das Leben im Van hat in vielerlei Hinsicht positive Auswirkungen auf mich: Es zeigt mir immer wieder aufs Neue, mit wie wenigen Dingen ich zurechtkomme, wie unwichtig mir materielle Dinge sind und wie befreiend es ist, einfach und entspannt zu leben und jeden Tag dankbar für die Freiheit und die Möglichkeit zu sein, dort unterwegs sein zu können, wo es mir gefällt.

So lange habe ich davon geträumt, länger und intensiver reisen zu können und dennoch den Komfort meines Zuhauses immer dabeizuhaben. Mit der Zeit wird dieser Traum zur Normalität, aber indem ich mich ab und zu selbst kneife und mir bewusst mache, was hier gerade passiert, bin einfach zufrieden und dankbar dafür, dass ich meinen Traum vom Vanlife leben kann.

Die Meteora-Klöster in Griechenland, ein Highlight meiner Rundreise durch den Norden des Landes!

KAVU

DIE VORTEILE VOM LEBEN IM CAMPERVAN

Das Leben im Van hat Vorzüge, die nicht von der Hand zu weisen sind. Vier Aspekte sind mir persönlich die wichtigsten:

Der Komfort des eigenen Zuhauses

Immer und überall hat man sein rollendes Zuhause dabei. Kein Hotel kann diesen Luxus bieten. Trotz meiner Liebe zur Freiheit und Unabhängigkeit brauche ich einen Rückzugsort, eine gewohnte Umgebung, in der ich mich wohlfühle. Dies bietet mir der Van, denn dort ist mein Zuhause.

Frei statt ortsgebunden

Die Freiheit zu reisen, wann und wohin und solange man möchte, ist für mich der größte Vorteil. Kein 9-to-5-Job in einem Büro, kein langwieriges Pendeln zum Arbeitsplatz, sondern arbeiten, wann und wo ich möchte. Da ich kein Fan kalter Temperaturen bin, ziehe ich in den Wintermonaten gern gen Süden, nach Spanien, Portugal oder Griechenland. Ade trister Berliner Winter – ¡hola!, Sonne!

Günstige Lebenshaltungskosten

Die Fixkosten für das Leben im Campervan sind im Gegensatz zur Mietwohnung vergleichsweise gering.
Miete und Nebenkosten fallen weg, hinzu kommen Steuern, Versicherung und regelmäßiger TÜV für den Campervan sowie Kosten für Sprit und Reparaturen. Hat man nicht gerade ein »Montagsauto« erwischt, halten sich die Kosten für die Instandhaltung des Vans in Grenzen und die laufenden Kosten sind wesentlich günstiger als das Leben in einer Wohnung.

Weniger ist mehr

Beim Leben im Campervan kommt automatisch Minimalismus ins Spiel. Schließlich bietet so ein Van nur begrenzt Platz. Diese Einschränkung empfinde ich als große Bereicherung: Recht schnell stellt man fest, dass man gar nicht viele Dinge zum Leben braucht. Dieser wenige Besitz führt dazu, dass ich mehr Zeit für mich habe, fokussierter bin und außerdem lösungsorientiert denke: Anstatt etwas neu zu kaufen, überlege ich zuerst, wie man das Problem mit den vorhandenen Mitteln lösen kann. Vanlife macht erfinderisch!
Nach den ganzen schönen Vorteilen des Vanlifes dürfen auch die Nachteile nicht fehlen, um das Bild zu komplettieren. Eindrücke dazu findest du im Kapitel »Vanlife sucks … sometimes. Die Realität abseits von Instagram«.

Oben: Mein erstes Mal Gleitschirm-Fliegen an der Küste bei Bilbao
Unten: Das schönste »Funkloch« Griechenlands – Vlychada Beach auf dem Peloponnes

Wie finde ich den perfekten Van?

Nach der anfänglichen Euphorie über meinen Beschluss, in einen Van zu ziehen, ging es recht schnell ans Eingemachte. Mit wenig Fachwissen und umso größerer Neugierde begab ich mich auf die Suche nach meinem »perfekten« Campervan.
Doch gibt es den überhaupt? Und soll ich den Van selbst ausbauen, ein komplett eingerichtetes Wohnmobil kaufen oder ein Dachzelt aufs Auto schnallen? Nehme ich einen coolen Oldtimer oder doch lieber ein neueres Modell? Was muss unbedingt rein, worauf kann ich verzichten? Wohin will ich damit reisen? Wie viel Platz benötige ich im Van?
Diese und noch viele Fragen mehr werden dir vermutlich auch im Kopf herumschwirren, wenn du auf der Suche nach einem passenden Campervan bist. Hier erfährst du, welche Überlegungen für den Kauf eines passenden Vans wichtig sind und wie du bei der Auswahl am besten vorgehst.

DIE GELDFRAGE

Wie viel Geld will ich maximal für mein neues Zuhause ausgeben? Soll es ein Neu- oder ein Gebrauchtwagen werden? Das verfügbare Budget gibt bereits eine klare Limitierung vor, um die Finanzierung des Campervans zu planen, bevor du dich auf die Suche begibst, ist unumgänglich. Denn es ist nicht sinnvoll, sich die allerneuesten oder -größten Wohnmobile anzuschauen, wenn du nachher feststellst, dass dein Etat dafür überhaupt nicht ausreicht.
Bei der Recherche nach dem für mich passenden Campervan ergaben sich recht schnell einige wichtige Erkenntnisse: Die allseits beliebten VW Bullis sind wirklich wunderschön, aber eben alt und obendrein sehr teuer. Zudem bin ich keine Mechanikerin und möchte mich nicht mit den Macken eines alten Campers auseinandersetzen – zumindest nicht von Beginn an. Jüngere gebrauchte Campervans sind ebenfalls noch recht teuer. Diese Informationen führten mich letztendlich zu der Entscheidung, einen Neuwagen zu kaufen. Ein bisschen mehr Geld investieren und dafür mein Traumauto zu bekommen – das war es mir wert. Und zu wissen, dass der Wertverlust eines Campervans offenbar nicht so groß ist wie bei einem Pkw, ermutigte mich ebenso zum Kauf des Neuwagens.
Die Zinsen waren zu der Zeit (2015) im Keller, also beschloss ich, meinen Campervan zum Teil aus Erspartem – was mal für den Kauf einer Eigentumswohnung geplant war – sowie über einen Kredit zu finanzieren. Die Kalkulation zur Finanzierung des Campervans war recht einfach: Nach dem Auszug aus der Wohnung in Berlin fallen die Miet- und

Mein Van – nicht zu groß, nicht allzu auffällig und seit über drei Jahren sehr zuverlässig

VANTOURER

Nebenkosten weg. Dieses Budget konnte ich für die monatliche Ratenzahlung des Kredits verwenden. Neben der Kreditrate kommen natürlich noch weitere Kosten für den Van hinzu, wie Versicherung, Wartungskosten, Sprit und so weiter. Auch das ließ ich in die Kalkulation mit einfließen.
Den Kredit konnte ich ziemlich schnell abbezahlen und so bin ich nun stolze Besitzerin meines ganz eigenen Campervans. Ich hoffe, dass er mir noch sehr lange als gemütliches und mobiles Zuhause erhalten bleibt.

DIE GRÖSSE DES VANS

Wie viel Platz benötige ich im Van? Soll das Auto lieber klein und wendig sein, muss im Innenraum zwangsläufig auf Komfort verzichtet werden. Dafür passt der Van auch mal in eine kleine Parklücke. Je kleiner der Van, umso geringer ist auch der Spritverbrauch. Größere Campervans bieten mehr Komfort und Platz im Innenraum. Mit der Größe wächst natürlich auch der Preis, außerdem geht ein wenig die Flexibilität verloren. In manchen Gegenden wird es schwer, mit einem großen Camper zum Beispiel durch die kleinen Bergdörfchen zu fahren.
Die Stehhöhe im Van ist ein wichtiger Punkt, der mir erst im Nachhinein bewusst wurde.

Das Innenleben meines Vans: ein fertiger Ausbau mit allem was ich brauche – Bett, Dusche, Toilette, Küche, Kühlschrank, Sitzgelegenheit und viel Stauraum

Inzwischen bin ich froh darüber, in meinem Van (ein Fiat Ducato) genug Platz zu haben, um aufrecht stehen zu können. Bei schlechtem Wetter verweilt man zwangsläufig länger im Van und dann ist es sehr angenehm, sich darin wenigstens ein bisschen bewegen zu können. Sogar Sport kann ich auf dem kleinen Raum machen, auch wenn die Höhe für den Sonnengruß dann doch nicht ausreicht.
Und noch ein Gedanke zum »Wohnzimmer«: Wie viel Platz ist erforderlich, um sich bequem auch tagsüber im Van aufzuhalten? Ist ein Tisch notwendig oder genügt eine Sitzgelegenheit? Reist du mit Kindern, Enkeln, Freunden, Hunden ...? Brauchst du Platz zum Arbeiten im Camper? Hier solltest du dir überlegen, wie viel Platz du wirklich benötigst, um dich im Van wohlzufühlen (ob allein oder mit Begleitung). Denn das Leben im Campervan findet nach meiner Erfahrung einen Großteil des Tages im Van statt, vor allem wenn du von unterwegs aus arbeitest.

DIE AUSSTATTUNG

Was gehört alles in den Campervan? Wie viel Komfort benötigst du, worauf kannst du verzichten?

Bett

Ein großes Bett war mir persönlich wichtig. Hierbei gibt es verschiedene Optionen. Ein fest verbautes Bett im Camper hat den Vorteil, dass es nicht jeden Tag umgebaut werden muss. Dies ist gleichzeitig auch der Nachteil, denn so ein Bett nimmt im Auto eine Menge

Platz weg. In kleineren Campern wird das Bett meistens so verbaut, dass es tagsüber zur Sitzgelegenheit umgebaut werden kann. Das spart eine Menge Platz, mir persönlich wäre das jedoch zu lästig, jeden Abend das Bett aufbauen zu müssen.
Die Betten im Van können quer oder längs eingebaut werden, also nimmt das Bett im schlimmsten Fall bis zu zwei Meter ein. Eine platzsparende Alternative ist der Alkoven: Das sind die Wohnmobile, bei denen sich der Schlafbereich über dem Fahrerhaus befindet.

Küche

Genügt ein Campingkocher für draußen oder soll ein eingebauter Herd im Camper sein? Willst du ein fest verbautes Spülbecken mit fließend Wasser in der Küche oder tut es auch die Schüssel zum Abspülen mit einem Wasserkanister? Muss ein Kühlschrank im Camper sein oder genügt eine kleine Kühlbox? Auch hier kommt es darauf an, wie viel Komfort dir beim Kochen wichtig ist. Draußen kochen kann schön sein bei warmen Temperaturen, bei Regen macht das sicher nur halb so viel Spaß.

Kühlschrank

Der Kühlschrank (oder wahlweise die Kühlbox) müssen je nach Platz im Van und entsprechend deinen Essgewohnheiten gewählt werden. Meine Erfahrung nach über drei Jahren unterwegs: Meistens ist der eingebaute 60-Liter-Kühlschrank nur zur Hälfte

gefüllt, denn so viele Vorräte kaufe ich für mich selten ein. Der Kühlschrank hat ein kleines Eisfach, auf das ich gern ganz verzichten würde, denn ich benutze es wirklich nie. Im Winter wird der Kühlschrank sogar komplett abgeschaltet, denn ich habe kaum Lebensmittel dabei, die eine Dauerkühlung benötigen. Ich lebe größtenteils vegan und habe somit keine Milchprodukte oder Fleisch dabei.

Toilette

Ein Thema, das bei fast jedem Treffen mit anderen Vanlifern zur Sprache kommt: Braucht man eine Toilette im Campervan? Oder genügt es, mit dem Spaten ins Gebüsch zu verschwinden oder öffentliche Toiletten aufzusuchen? Auch hier gilt wieder: Es kommt darauf an, wie wichtig einem der Komfort einer eigenen Toilette ist. Für mich ist die Toilette im Camper ein Muss, denn ich möchte nicht nachts oder bei Regen vor die Tür müssen, wenn es mal dringend ist. Toilette ist aber nicht gleich Toilette, es gibt inzwischen viele Varianten. In den fertig

ausgebauten Wohnmobilen sind meist Chemietoiletten verbaut. Hier wird unter Zugabe chemischer Substanzen das Geschäft in einem Behältnis gesammelt und muss nach ein paar Tagen an einer Entsorgungsstation geleert werden.
Die Nachteile sind offensichtlich: Man ist immer auf der Suche nach einer Möglichkeit zur Entsorgung. Die chemischen Zusätze sind zudem größtenteils nicht umweltfreundlich – deshalb die zwingende Entleerung in dafür vorgesehene Entsorgungsstationen, welche meist nur auf Camping- oder Stellplätzen zu finden sind. Wer oft auf Campingplätzen verweilt, wird mit diesem System gut zurechtkommen. Bist du jedoch wie ich lieber in der Natur unterwegs, schränkt die Chemietoilette die Flexibilität deutlich ein.
Als Alternative für die Chemie im Klo bietet sich das SOG-System an – ein spezieller Lüfter, der sich automatisch beim Öffnen des Toilettenschiebers einschaltet. Unliebsame Gerüche werden einfach absaugt, auf chemische Zusätze kann somit verzichtet werden.
Ich bin inzwischen auf eine Trenntoilette umgestiegen. Hierbei werden Urin und Feststoffe voneinander getrennt, was dafür sorgt, dass es zu keinen unangenehmen Gerüchen kommt. Der Urinbehälter kann einfach in einer öffentlichen Toilette oder auch in der Natur entleert werden. Die Feststoffe landen in einer Mülltüte, die entweder im normalen Hausmüll oder – ohne Mülltüte – auch in der Natur entsorgt werden können (dann aber bitte den Spaten nehmen und ein großes Loch irgendwo im Wald graben). Damit wird das Reisen im Camper entspannter, besonders in Ländern, in denen es nur wenige Campingplätze gibt.
Trenntoiletten sind von günstig bis sehr teuer zu haben – angefangen beim einfachen Eimer mit Trenn-Einsatz, worüber Flüssiges und Festes in getrennte Behälter im Eimer geleitet werden. Alternativ gibt es Komplettangebote, bei denen die Trenntoilette mit allem Zubehör geliefert wird, das für den Einbau im Camper notwendig ist. So eine Trenntoilette kann dann schon mal über 1000 Euro kosten.

Stromversorgung

Das Leben im Camper besteht bei mir zumindest tagsüber aus ein paar Stunden Arbeit am Laptop. Für ausreichend Strom muss also gesorgt sein, auch wenn ich irgendwo ohne Stromanschluss in der Natur stehe. Deshalb ist eine Solaranlage auf dem Dach montiert, die zumindest an sonnigen Tagen für eine ausreichende Stromzufuhr sorgt. Neben der Solaranlage sollte auch auf die Qualität und Leistung der Zusatzbatterie geachtet werden. Ich bin darin wahrlich keine Expertin, empfehle aber unbedingt, einen Fachmann bzw. eine Fachfrau zu diesem Thema zu befragen.

Oben: Ein schöner Bulli – entdeckt in Lissabon, Portugal
Unten: Der Toyota Land Cruiser von Lilli (siehe Interview Seite 159), Foto: Lilli

Standheizung
Kuschelige Wärme im Campervan – und das auch bei kalten Außentemperaturen? Dann muss unbedingt eine Standheizung her. Im Winter fahre ich meistens in den warmen Süden. Selbst dort kann es jedoch vor allem nachts recht kalt werden und dann bin ich sehr dankbar für den Luxus einer Heizung im Van.
Falls noch nicht vorhanden, kann die Standheizung einfach nachgerüstet werden. Es gibt verschiedene Modelle und Heizverfahren. Weit verbreitet sind Diesel-Heizungen. Diese werden meist direkt mit dem Dieseltank des Vans verbunden. Ältere Wohnmobile verfügen oft über eine Gasheizung. Der Nachteil: Eine Gasflasche hält beim vielen Heizen im Winter nur ein paar Tage, dann muss eine neue organisiert werden.

Dusche
Muss eine Dusche fest in den Van verbaut werden oder genügt eine mobile Außendusche? Oder kannst du ganz darauf verzichten und gehst lieber im Fluss, See bzw. Meer baden oder auf dem Rastplatz oder im Schwimmbad duschen?
Eine Solardusche ist eine praktische und platzsparende Alternative zur fest verbauten Duschkabine. Hierfür wird ein schwarzer Wassertank mit Wasser befüllt, in die hoffentlich scheinende Sonne gelegt und auf diese Weise das Wasser erwärmt. Die Dusche kannst du dann entweder außen am Van anbringen oder an einen Baum hängen.

FERTIG AUSGEBAUT ODER SELBST AUSBAUEN?

Die einen möchten ihren Van ganz nach ihren eigenen Ideen und Wünschen ausbauen und gestalten, andere wollen einfach nur einen fertigen Campervan kaufen und losfahren. Da ich weder handwerklich sonderlich geschickt bin noch viel Zeit in den Ausbau eines Campervans stecken wollte, fiel meine Wahl auf einen Campervan »von der Stange«. Der Nachteil ist klar: Die Inneneinrichtung entspricht nicht ganz meinen Vorstellungen, hier und da hätte ich mir eine andere Lösung oder ein anderes Design gewünscht.
Wer seinen Camper selbst ausbauen möchte, findet online eine große Community von Bastlern, die das gleiche Ziel verfolgen: den Van genau so zu gestalten, wie es für die eigenen Bedürfnisse am besten passt. Das ist in den meisten Fällen sicherlich günstiger als ein fertig ausgebauter Van, kostet jedoch eine Menge Zeit, Geduld und Nerven. Wer handwerklich begabt ist, kann sich beim Ausbau wunderbar selbst verwirklichen und seinen ganz individuellen Ausbau gestalten. Gewisse Regeln gibt es natürlich – hier hilft ein guter Draht zum TÜV, um sich vorab über die Möglichkeiten und Begrenzungen zu infor-

Oben: Bad & Küche in einem älteren Wohnmobil (siehe Interview auf Seite 131), Fotos: Anja
Unten: Das bunt bemalte Zuhause von Heike (siehe Interview auf Seite 147), Foto: Heike

carthago

VANTOURER

mieren. Vor allem, wenn es um die Themen Strom und Gas geht, sind gewisse Vorschriften durchaus sinnvoll.
Alternativ bieten einige Unternehmen an, den Camper nach den individuellen Wünschen für den Kunden auszubauen. Das kann teuer werden, aber das Ergebnis ist im Idealfall dein perfekter, individuell gestalteter Traum-Van!

TIPPS FÜR DIE SUCHE

Nach all den Überlegungen, was in deinen Van muss und worauf du verzichten möchtest, kannst du nun schauen, welches Campervan-Format für deine Bedürfnisse geeignet ist. Vom Dachzelt über Kastenwagen bis hin zum Luxusliner gibt es viele Optionen für jeden Geschmack und Geldbeutel. Die Entscheidung für den »richtigen« Campervan kannst nur du selbst treffen. Dann geht's auf die Suche nach dem passenden Gefährt. Ein paar Tipps, wo du fündig werden könntest:

- bei einschlägigen Onlineanbietern wie mobile.de oder autoscout24.de
- bei eBay-Kleinanzeigen gibt es eine Kategorie für Wohnwagen & -mobile
- In Facebook-Gruppen zum Thema Vanlife werden ebenfalls ab und an Vans zum Verkauf angeboten.

Oben: Meine erste Reise im Van führte nach Schweden.
Unten: Anja lebt im Citroën Berlingo mit Dachzelt (siehe Interview auf Seite 131). Foto: Anja

Geduld und ein Quäntchen Glück gehören wohl dazu, um den perfekten Van zu finden. Ich drücke dir die Daumen!

MEIN VAN-KAUF – VON DER PLANUNG BIS ZUM VERTRAGSABSCHLUSS

Welche Art rollendes Zuhause sollte es also für mich werden? Ein dickes Wohnmobil wollte ich nicht, so viel Platz benötige ich nicht. Ich suchte etwas Kleineres, Wendigeres und weniger Auffallendes. Schon recht früh bei meiner Recherche hatte ich einen Favoriten ausgemacht: einen ausgebauten Transporter. Das sind Wohnmobile, die auf den üblichen Modellreihen von Transportern basieren, also zum Beispiel Mercedes Sprinter, Fiat Ducato, Peugeot Boxer und so weiter. Diese sogenannten Kastenwagen sind kompakt, fallen nicht direkt als Wohnmobile ins Auge (erst auf den zweiten Blick) und man findet damit auch in der Stadt mal einen Parkplatz.
Da ich gern so oft wie möglich autark unterwegs sein möchte und nicht viel auf Campingplätzen stehen will (was auch eine Kostenfrage ist), war mir eine Komplettausstattung wichtig, das heißt ein Bad mit Dusche und Toilette sowie eine Küche. Auch genügend Platz für ein gemütliches Bett – mit meinen 1,80 Metern möchte ich mich nachts im Van gern gemütlich ausstrecken. Und um abends nicht im Dunkeln zu sitzen und auch meinen Laptop immer mit genügend Strom zu versorgen, sollte eine Solaranlage her. Meine Wunschliste für den idealen Campervan sah so aus:

- Die Liegefläche des Bettes soll lang (mind. 1,90 m) und durchgängig sein, also ein Doppelbett. Einzelbetten mag ich nicht.
- Das Bad soll ein sogenanntes Raumbad sein: Die Dusche befindet sich im Gang und wird durch zwei Schiebetüren rundum geschlossen bei Benutzung. So muss man sich beim Duschen nicht zwischen Waschbecken und Toilette quetschen.
- Ein angenehmes Interieur-Design ist mir ebenfalls wichtig, schließlich will ich mich in dem Van wohlfühlen. Lieber warme Farben und helles Holz anstatt dunkle Eiche-rustikal-Optik.
- Ein gut durchdachtes Stauraum-Konzept ist Pflicht.
- Ich möchte keine Chemietoilette. Diese werden leider standardmäßig bei allen Anbietern von Wohnmobilen verwendet.

Nachdem der Wunschzettel für mein neues Zuhause stand, ging die Suche los – nach dem idealen Kastenwagen mit perfektem Preis-Leistungs-Verhältnis. Die eierlegende Wollmilchsau existiert nicht; ein paar Kompromisse, das war mir klar, würde ich eingehen müssen.

Nach intensiver Recherche hatte ich bald eine stattliche Liste diverser Anbieter zusammen: Adria, Hobby, Pössl, Westfalia, Globecar, Sun Living, Karmann und VANTourer. Einige Modelle schaute ich mir bei Campingmobilanbietern in und um Berlin an und entschied mich letztendlich für das Modell VANTourer 600 L, das zumindest die meisten meiner Wunschkriterien erfüllte – nur die Chemietoilette konnte ich leider nicht vermeiden. Schließlich fuhr ich zu einem Wohnmobilhändler in der Nähe von Berlin und teilte dem Verkäufer meinen Kaufwunsch mit. Ich vermute, dieser Verkauf lief für ihn nie so schnell und einfach wie mit mir – ich wusste bereits genau, was ich haben wollte. Den Kaufvertrag unterschrieb ich noch am gleichen Tag und fuhr glücklich und aufgeregt zurück nach Berlin.

Jetzt musste ich mich in Geduld üben: Ganze neun Monate dauerte es bis zur Lieferung des Vans, denn die Auftragsbücher der Hersteller sind voll und die Produktion kommt an ihre Kapazitätsgrenzen. In der Zwischenzeit wurde mir jedoch keineswegs langweilig, denn: Der Umzug von meiner Wohnung in Berlin in den Van stand bevor und damit einige Aufgaben – die Wohnung kündigen; Möbel und Kleinkram und alles, was nicht in den Van passt, verkaufen oder verschenken; Versicherungen überprüfen; eine Menge Kram für den Van kaufen: Stromkabel, einen Mobile Router für das Internet im Van, Campingstühle und -tisch und so weiter.

Im Juni 2016 war mein Einzug in den Van endlich vollbracht: Ich stieg in meinen neuen und vollgepackten Campervan und fuhr einfach mal los …

Oben: Das Wohnzimmer im Wohnmobil (siehe Interview auf Seite 131), Foto: Anja
Unten: Nima und Steve leben im knallroten Horst – einem 38 Jahre alten Mercedes 608D.

Vanlife-Basics

Was muss mit in den Van? Für eine mehrwöchige Urlaubsreise ist das Packen schnell erledigt, aber für ein dauerhaftes Leben im Campervan kann es zu einer kleinen Herausforderung werden – schließlich ist der Platz sehr begrenzt. Generell empfehle ich, nicht allzu viel einzupacken. Meine Erfahrung zeigt, dass man meist viel weniger benötigt als anfangs gedacht.

DIE GRUNDAUSRÜSTUNG

Neben deinen persönlichen Gegenständen wie Klamotten oder Proviant sollten diese Dinge unbedingt mit in den Camper:

- Wasserschlauch & Anschlüsse: Zum Wassertanken benötigst du einen Wasserschlauch sowie verschiedene Anschlüsse und Adapter. Ich habe für den Notfall noch eine Gießkanne dabei, falls ich Wasser an einer Quelle tanken kann, die über keinen Wasseranschluss verfügt. Wasserkanister und Trichter zum Einfüllen wären eine Alternative.
- CEE-Stecker und -Kabel: Damit kannst du auf Campingplätzen Strom tanken.
- Auffahrkeile: Beim Campen auf unebenem Boden helfen die Keile, den Camper gerade auszurichten. Beim Wildcampen sollten die Auffahrkeile jedoch nicht unbedingt verwendet werden, denn dies wird in vielen Ländern bereits als Campingverhalten deklariert und kann mit Bußgeldern geahndet werden.
- Vorzelt, Sonnensegel oder Markise: Ein Schattenspender für heiße Sommertage kann nicht schaden, darf allerdings nur auf Campingplätzen verwendet werden.
- Sandbleche: Willst du viel offroad unterwegs sein, solltest du Sandbleche mitführen. Damit kannst du dich bestenfalls selbst wieder aus dem Sand oder Matsch befreien.
- Ersatzschlüssel: Idealerweise befestigst du den Schlüssel irgendwo außen am Van, gut versteckt am Unterboden oder im Radkasten. Wenn der Hauptschlüssel mal verloren gehen sollte oder du dich aus Versehen ausgesperrt hast, bringt der Ersatzschlüssel nichts, wenn er im Inneren des Vans verstaut ist – ich spreche da aus Erfahrung …
- Pannenausrüstung: Warndreieck, Warnweste und Verbandskasten dürfen nicht fehlen. Überprüfe vor Abreise das Haltbarkeitsdatum des Verbandskastens.
- Werkzeug: Nur damit kannst du kleine Schäden am Camper selbst reparieren.
- Wagenheber und Ersatzreifen: Selbst wenn du (so wie ich) den platten Reifen nicht selbst wechseln kannst oder möchtest, solltest du beides dabeihaben, damit dir schnell geholfen werden kann.

Oben: Das Fahrerhaus von Anjas erstem Wohnmobil (siehe Interview auf Seite 131), Foto: Anja
Unten: Offroad-Tauglichkeit wünsche ich mir manchmal herbei. Der VW Syncro bietet diesen Komfort. Foto: Rene Freitag

Hella
Hella

- Ersatzlampen: Ein Set Ersatzleuchten für Hauptscheinwerfer, Bremsleuchten, Blinkleuchten, Rückfahrscheinwerfer etc. solltest du mitführen. Das ist in einigen Ländern Pflicht (Kroatien, Slowenien, Ungarn, Tschechien ...), aber selbst ohne gesetzliche Verpflichtung ist das Mitführen von Ersatzlampen sinnvoll, um bei einem Defekt schnell den Austausch vornehmen zu können.
- Starterkabel oder Powerbank für den Auto-Start: Falls die Batterie deines Vans mal den Geist aufgibt, kann dir mit dem Starterkabel schnell geholfen werden. Noch praktischer, falls du allein unterwegs bist und weit und breit keine Hilfe in Sicht ist: eine Powerbank für die Starthilfe. Hier gibt es verschiedene Modelle, du solltest vor dem Kauf prüfen, welches für deinen Campervan geeignet ist.
- Feuerlöscher: Ein kleiner Feuerlöscher an Bord, an einem gut zugänglichen Ort aufbewahrt, kann in brenzligen Situationen Leben und Campervans retten.
- Ersatzflasche Motoröl: Denn meistens braucht man Öl, wenn gerade keine Werkstatt in der Nähe ist ...
- Scheibenreinigungsflüssigkeit: Je nachdem, wohin du fahren wirst, wählst du mit oder ohne Frostschutz.

Ob Wohnmobil mit Alkoven oder Dachzelt – Platz ist in der kleinsten Hütte! (Foto unten: Anja)

- Parkscheibe: Wenn du mal in einem Ort parken willst, ist diese oftmals Pflicht.

WICHTIGE UNTERLAGEN UND DINGE, DIE NICHT FEHLEN DÜRFEN

Wer sein Leben komplett in den Van verlagert, hat normalerweise all sein Hab und Gut dabei – und somit auch wichtige Dokumente und andere Dinge, die nicht fehlen dürfen. Manches muss jedoch vorher organisiert werden, deshalb ist diese Checkliste sehr nützlich:

- Reisepass und/oder Personalausweis: Falls du innerhalb der Europäischen Union reist, genügt der Personalausweis, dennoch würde ich beides mitnehmen. Man weiß ja nie, ob die Reise irgendwann nicht doch mal nach Marokko, Albanien oder in andere Länder außerhalb der Europäischen Union führt.
- Führerschein und Fahrzeugpapiere sollten immer mit an Bord sein.
- Grüne Versicherungskarte deines Campervans: Hier solltest du vorher überprüfen, für welche Länder der Versicherungsschutz gilt. Falls du in ein Land reisen möchtest, das nicht über deine Versicherung abgedeckt ist, informiere dich über die Möglichkeiten, eine Extraversicherung vor Ort abzuschließen, oder erkundige dich bei deiner Versicherung, ob eine Erweiterung der Abdeckung durch die grüne Versicherungskarte möglich ist.
- Versicherungsunterlagen für den Camper: Haftpflicht und Voll- oder Teilkasko-

Versicherung. Es gibt spezielle Tarife für Wohnmobile, ein Vergleich lohnt sich.

- Mitgliedskarte des Automobilclubs: Diese Investition kann ich nur empfehlen. Damit bekommst du schnell und unkompliziert Hilfe, wenn mal etwas am Van kaputt ist oder du in einen Unfall gerätst. Neben dem ADAC gibt es eine Reihe alternativer Automobilclubs – zum Beispiel AvD (Automobilclub von Deutschland), ACE (Auto Club Europe), ACV (Automobil-Club Verkehr).
- Reisekrankenversicherung: Wenn du planst, länger im Campervan zu leben, benötigst du eine Auslandskrankenversicherung für Langzeitreisen. Hierfür gibt es diverse Anbieter, am bekanntesten ist die HanseMerkur, aber auch der ADAC, STA Travel oder World Nomads bieten gute Konditionen. Hier musst du einfach schauen, welches Angebot am besten für dich passt. Weitere Infos findest du in dem Kapitel »Versicherungen«.
- Ich empfehle Karten von verschiedenen Banken mitzunehmen. Manchmal funktioniert eine Karte nicht oder wird von der Bank »aus Versehen« gesperrt (weil die vielen Abbuchungen in unterschiedlichen Ländern verdächtig wirken). Notiere dir die Notfallnummer der Bank zur schnellen Sperrung, falls eine Karte gestohlen wird oder verloren geht.

Der Vanlife-Traum: Übernachten bei Meerblick und Sonnenuntergang.

VENDE-SE
ALUGA-SE
917 210 484

Vanlife: Tipps & Tricks

Der wichtigste Schritt ins Vanlife? Ganz einfach: losfahren. Okay, ein paar Überlegungen vor der Abreise schaden sicherlich nicht. Was ich versprechen kann: Dein neues Leben im Van wird einige Überraschungen mit sich bringen, unerwartete Momente, Veränderungen bei dir selbst, bei deinen Ansprüchen und Wünschen.
Ich erinnere mich noch genau an die ersten Tage unterwegs in Schweden. Als ich etwas unbeholfen am Stellplatz um Hilfe fragen musste, weil ich nicht wusste, wie der Stromanschluss funktioniert; oder als ich keinen passenden Adapter für den Wasseranschluss dabeihatte und ein schwedischer Nachbar mit Panzertape aushalf. Die Erkenntnis: Eine Lösung findet sich immer – sei es durch die Hilfe netter Reisebekanntschaften oder das eigene Improvisationstalent.
Tausende Gedanken gehen dir durch den Kopf bei der Überlegung, dein Leben in den Van zu verlagern, richtig? Das ist ganz normal, schließlich ist es ein großer Schritt, das bisherige Zuhause aufzugeben, Hab und Gut zu verkaufen oder zu verschenken. Ein paar gute Ratschläge, Tipps und Tricks möchte ich dir für einen entspannten Einstieg ins Vanlife mitgeben.

GUTE RATSCHLÄGE FÜR VANLIFE-ANFÄNGER

Beim bloßen Gedanken an das künftige Leben im Van – das so aufregend auf einen wartet – bekommt manch einer Muffensausen. Mir ging es anfangs ganz ähnlich, wobei ich mich letztendlich einfach ohne zu viel darüber nachzudenken in das Abenteuer Vanlife gestürzt habe. Hier einige gut gemeinte Hinweise:

Nervosität gehört anfangs dazu
Die ersten Nächte allein im Van werden aufregend sein und vielleicht schläfst du nicht besonders gut, weil dich jedes Geräusch von draußen aufschrecken lässt. Doch keine Sorge, daran gewöhnt man sich mit der Zeit. Ich war anfangs recht unsicher nachts allein im Van, inzwischen schlafe ich viel entspannter. Denn: In 99 Prozent der seltsamen Momente passiert nämlich? Genau: gar nichts. Vielleicht war es ein Tier, das am Van vorbeilief, vielleicht nur ein Windhauch, der die Blätter vom Baum auf den Van geweht hat.
Im Campervan zu schlafen wird immer anders sein als in einer Wohnung oder im Haus. Fremde Geräusche werden viel schneller wahrgenommen, ob in der Natur oder mitten in der Stadt. Ich finde diese Nähe zur Natur toll – nachts beim Einschlafen den Wind zu spüren, Vogelgezwitscher beim Aufwachen …
Die Schlafplatzsuche ist anfangs auch sehr aufregend, vor allem wenn sie länger dauert oder es langsam dunkel wird. Aber keine Panik – es findet sich immer eine Lösung.

Oben: Vanlife Fans versammeln sich beim Camper Vans Summit Meeting in Österreich.
Unten: In Coimbra, Portugal gibt es ganz in der Nähe einen schönen Stellplatz für Camper im Park.

Ich empfehle dennoch, den neuen Schlafplatz bereits tagsüber anzufahren, um die Gegend erkunden zu können und zu sehen, ob du dich dort wohlfühlst. Und denke immer daran: Es gibt viel mehr gute als schlechte Menschen auf dieser Welt. Bleibe positiv und optimistisch, das wird sich auch auf dein Umfeld übertragen.

Sprich mit Fremden

Parkst du deinen Van in der Nähe eines Ortes und triffst jemanden in der Nähe, frage freundlich nach, ob es in Ordnung ist, mit dem Van über Nacht dort zu parken. Wenn das bejaht wird, hast du zumindest die Gewissheit, dort in Ruhe stehen zu können. Selbst wenn du ein Nein hörst, bekommst du vielleicht noch einen Tipp, wo du stattdessen hinfahren kannst. Obendrein gibt es manchmal hilfreiche Hinweise von den Einheimischen und vielleicht sogar Geschenke oder eine Einladung zum Kaffee. Bei der Verständigung hilft es, zumindest ein paar Wörter der lokalen Sprache zu lernen. Sympathiepunkte beim Gegenüber sind dir damit so gut wie sicher.

Unhöfliche Menschen sind mir bisher nur sehr selten begegnet, und das waren dann meistens nicht Einheimische, sondern andere Camper, die sich an irgendeiner Kleinigkeit gestört haben. Meine Strategie: immer höflich bleiben, lächeln und im Zweifelsfall wegfahren, denn negative Menschen braucht niemand in seiner Umgebung.

Bleib flexibel & spontan

Möchte ich viel erleben und neue Ecken erkunden oder gefällt es mir an einem Ort so gut, dass ich einfach ein paar Tage länger bleibe? Das weiß ich erst, wenn ich dort bin und merke, ob ich mich wohlfühle. Und genau das genieße ich total, denn es gibt

keinen Zeitdruck, der mir vorgibt, wann ich wo sein muss.
Was mich anfangs noch nervös gemacht hat – nicht zu wissen, wo ich nächste Woche sein werde –, empfinde ich inzwischen als puren Luxus. Genau diese Freiheit, diese Flexibilität ermöglicht mir, mein Leben danach auszurichten, wie es mir in dem Moment geht.
Plane also nicht allzu viel im Voraus, sondern lasse dich ein auf das Abenteuer Vanlife, fahre los und genieße den Moment.
Bleibe da, wo es dir gefällt, und denke immer daran: Der Weg ist das Ziel!

VANLIFE IST ANDERS

Was passiert bei einem Umzug von einer großen Wohnung oder einem Haus in einen kleinen Campervan? Was ist so anders am Vanlife?
Für mich ist das Leben im Van inzwischen zur Normalität geworden – wenn man das überhaupt so nennen mag. Dennoch ist mir bewusst, dass das Leben im Van einige Besonderheiten mit sich sowie Erkenntnisse hervorbringt, die einem erst unterwegs klar werden.

Nichts ist mehr selbstverständlich

Unendlich fließendes Wasser aus dem Wasserhahn, der Lieblings-Supermarkt direkt um die Ecke – nur zwei Beispiele, die beim Leben im Van nicht mehr gegeben sind. Das Wasser ist immer knapp und muss gespart werden. Und es ist gar nicht so schwer, Wasser zu sparen. Duschen ist ein Luxus, der nicht täglich notwendig ist, Abspülen geht auch mit wenig Wasser.
Immer und überall nahezu alles einkaufen zu können – auch das ist unterwegs nicht mehr so einfach möglich. Der nächste Ort ist vielleicht kilometerweit entfernt oder es gibt nur einen kleinen Tante-Emma-Laden mit wenig Auswahl. Ganz zu schweigen vom nicht vorhandenen Lieferservice, der mal ganz schnell eine Pizza direkt nach Hause bringen könnte …
Wäschewaschen wird ebenfalls zur kleinen Herausforderung. Wurde früher die Wäsche einfach in die Waschmaschine gepackt, muss unterwegs erst einmal ein Waschsalon ausfindig gemacht werden.
Viele der alltäglichen Dinge sind unterwegs plötzlich nicht mehr selbstverständlich und so lernt man ganz schnell, mit den neuen Herausforderungen umzugehen, die entsprechende Zeit dafür einzuplanen, die dann unter Umständen von der Arbeitszeit abgeht. Vanlife bedeutet also auch, flexibel zu organisieren und sich zu disziplinieren, wenn es ums Arbeiten geht. Es bedeutet aber ebenfalls: Dankbarkeit – für jede Wasserquelle, die man unterwegs entdeckt, oder für den Waschsalon, der einen Parkplatz direkt vor der Tür bietet.

Wenig Erwartung bringt Bereicherung

Das ist das Schöne am Vanlife: die Freiheit, wann immer man mag an einen neuen Ort zu fahren, ohne große Erwartungen daran zu stellen. Das Leben im Van hält jede Menge Überraschungen bereit. Fast täglich kommen neue Eindrücke auf dich zu – eine schöne Altstadt, eine traumhafte Bucht oder ein netter neuer Nachbar. Alles, was unterwegs passiert, jeder Ort, den du besuchst, und jede Person, die du kennenlernst, ist eine Bereicherung. Ich erlebe unterwegs viel mehr als vorher im trubeligen Berlin. Langweilig wird es also keineswegs, wenn man das nicht möchte.

Die kleinen Freuden des Vanlifes: schönes Wetter, eine toller Ausblick und idyllische Ruhe – irgendwo am Meer in Nordspanien

Genieße die Freiheit
Es ist bestimmt keine einfache Entscheidung, sich einen Campervan zu kaufen und einfach loszufahren. Die unbegrenzten Möglichkeiten des Vanlifes sind anfangs vielleicht etwas beängstigend. Aber wenn du erst mal auf Reisen bist und Entscheidungen für dich ganz bewusst triffst, wirst du merken, wie du dein Leben auf eine ganz andere und neue Art und Weise lieben lernst. Du kannst jeden Tag aufs Neue für dich gestalten, wie es dir gefällt. Das Leben im Campervan eröffnet dir neue Möglichkeiten. Und was diese Freiheit ebenfalls beinhaltet: Du kannst jederzeit zurück.

Weniger Besitz – mehr erleben
Dein Leben passt auf maximal zehn Quadratmeter, nur die wichtigsten Dinge finden darin Platz. Schnell verändern sich die Prioritäten – du benötigst nicht mehr die neuesten Klamotten oder die neuesten technischen Gadgets. Wahrscheinlich hast du am Anfang noch viel zu viele Dinge dabei, von denen du denkst, sie zu brauchen. Mit der Zeit wirst du merken, was wirklich wichtig ist und auf welche Dinge du gut verzichten kannst. Dieser wenige Besitz erleichtert das Leben im wahrsten Sinne des Wortes, du kannst dich viel besser auf andere Themen konzentrieren.

WOHIN SOLL DIE REISE GEHEN?

Selbst wenn die Freiheit noch so verlockend ruft, ein bisschen Vorbereitung ist angebracht, um eine schöne Zeit zu haben. Willst du eine längere Strecke fahren, um zum Beispiel von Deutschland aus ins warme Spanien zu gelangen, lohnt die Überlegung, wie die Route aussehen soll. Soll es gemütlich oder über die Autobahn gehen?
Ich selbst fahre gern Landstraßen und meide weitestgehend die Autobahn. Zum einen sehe ich so mehr vom Land, entdecke Gegenden auf der Reise, die mir sonst entgangen wären. Auch genieße ich das langsame Fahren viel mehr, denn ohne Zeitdruck im Nacken macht es nichts, wenn die Fahrt ein paar Tage länger dauert, weil ich an dem einen oder anderen Ort eine längere Pause einlege.
Ein Navigationsgerät sollte nicht fehlen oder eine App auf dem Handy, die dir den Weg weist. Ich habe im Van ein eingebautes Navi, welches allerdings nicht mehr sehr aktuell ist. Deshalb verlasse ich mich lieber auf Apps wie Google Maps. HERE WeGo ist ebenfalls eine kostenlose App, Kartendaten können vorab heruntergeladen werden, sodass unterwegs kein Datenvolumen dafür benötigt wird.

DEN PASSENDEN ÜBERNACHTUNGSPLATZ FINDEN

Die Auswahl an Apps für die Suche nach Camping- oder Stellplätzen ist groß. Ich nutze sehr gern Park4Night, eine Plattform, wo jeder

Stadtbummel durch Coimbra, einer meiner Lieblingsorte in Portugal (siehe Roadtrip Route Portugal ab Seite 221)

User Übernachtungsplätze eintragen und bewerten kann. Angezeigt werden Campingplätze, offizielle Stellplätze für Wohnmobile, öffentliche Parkplätze oder Orte zum Campen in der Natur. iOverlander ist eine weitere App, welche von der Camper-Community gepflegt wird und die viele Plätze zum Freistehen in der Natur anzeigt.
Wer lieber auf Campingplätzen unterwegs ist, findet ebenso zahlreiche Apps und Webseiten für die Suche danach. Ich habe anfangs den Stellplatz-Radar von ProMobil verwendet, der eine riesige Platzauswahl bietet und dazu sehr ausführliche Informationen. Eine weitere Option ist die App Campercontact, wo ebenfalls eine Menge Camping- und Stellplätze gelistet sind.
Eine tolle Möglichkeit für Deutschland: Das Buch Landvergnügen verzeichnet Stellplätze für Camper auf Bauernhöfen und anderen Privatgrundstücken. Dort kann man meist kostenlos übernachten – als Gegenleistung wird empfohlen, etwas im dazugehörigen Restaurant zu essen oder beim Bauern einzukaufen. Ein sehr spannendes Konzept! Für andere Länder gibt es Ähnliches:

- Spanien: España Discovery (espana-discovery.es/de)
- Frankreich: France Passion (france-passion.com/de)
- Italien: Greenstop24 (greenstop24.it)
- Dänemark: Pintrip (pintrip.eu/de)

Bei gamping.com findest du außerdem eine Menge privater Stellplatz-Angebote für ein paar Euro, aktuell hauptsächlich für Spanien und Frankreich: https://camperstyle.de/private-uebernachtungsmoeglichkeiten-camper/.

Wo ich gern übernachte

Zu Beginn meiner Reise bin ich noch jeden Tag auf Camping- oder Stellplätze gefahren – bis mir klar wurde, dass dies ein recht teures Unterfangen wird, wenn ich das 365 Tage im Jahr so mache. Außerdem fühlte ich mich auf den Campingplätzen nicht sonderlich wohl: viel zu eng, viel zu viele Menschen und zu viele Regeln. Das entsprach nicht meinem Verständnis von Vanlife – Freiheit, Natur, Abenteuer.
Ich suche mir also fast nur noch Plätze, die zum Freistehen mit dem Camper geeignet sind, wo ich niemanden störe und mich wohlfühle, und finde es ganz wunderbar, allein in der Natur zu sein, die Ruhe zu genießen und ab und an mal auf nette Nachbarn zu treffen. So ein Übernachtungsplatz kann auf den Klippen mit Meerblick sein, ein Wanderparkplatz in den Bergen, eine grüne Wiese irgendwo im Nirgendwo oder auch ein ruhiger Platz am Ortsrand. Mit etwas Übung und Feingefühl findet man überall schöne Plätze, die sich für eine Übernachtung oder idealerweise

Übernachten in der Natur oder auf einem Campingplatz – jeder wie er mag. Ich bevorzuge das Freistehen in der Natur.

Allianz

VANTOURER

für einen längeren Aufenthalt eignen. Auf Campingplätze fahre ich nur dann, wenn ich entweder Strom tanken oder Wäsche waschen muss und kein Waschsalon im Ort zu finden ist.

TOILETTEN & DUSCHEN FINDEN

Wenn du keine Toilette oder Duschmöglichkeit in deinem Van hast und nicht auf Campingplätze fahren willst, ist Kreativität gefragt. Öffentliche Toiletten finden sich überall: in Einkaufszentren, Museen, an Tankstellen oder im Restaurant. Alternativ geht es auch mal mit dem Spaten hinter den Busch. Manche Autobahnraststätten bieten die Option, für ein paar Euro eine heiße Dusche zu genießen. Auch in öffentlichen Schwimmbädern ist das Duschen möglich und für kühles Nass sorgen Strandduschen. Ein Sprung in den See oder Fluss verspricht ebenfalls Erfrischung. Achte beim Duschen und Haarewaschen in der Natur darauf, dass du nur biologisch abbaubare Produkte verwendest.

CAMPINGPLATZ VERSUS WILDCAMPEN

Ein großes Thema, das immer wieder zu Diskussionen unter Campern führt: Sollen wir alle brav auf Campingplätzen einkehren oder ist das Wildcampen in der Natur auch eine Option?
Generell ist in den meisten Ländern das Wildcampen offiziell verboten. Übrigens auch in Skandinavien, denn das dort angewandte »Jedermannsrecht«, welches besagt, dass man fast überall in der Natur sein Zelt aufschlagen darf, gilt eben nicht für Campingmobile, sondern nur für Zelte.
Dennoch werden Regelungen je nach Region und Jahreszeit ganz unterschiedlich gehandhabt. Ein gutes Beispiel ist Portugal: Während sich an der Algarve, der Südküste Portugals, die Camper in Scharen tummeln, geht es im Rest des Landes viel entspannter zu. Das hat inzwischen dazu geführt, dass das Wildcampen an der Algarve fast nicht mehr möglich ist. Die Polizei kontrolliert regelmäßig und verteilt auch gern mal Strafzettel. Je weiter nördlich man in Portugal reist, umso weniger stressig wird das Freistehen. Denn dort sind weniger Camper unterwegs und es gibt mehr Platz und Möglichkeiten zum Wildcampen. Auch hier kommt mal die Polizei vorbei, um nach dem Rechten zu sehen. Meistens bleibt es bei einem kurzen Besuch und es entwickelt sich dabei vielleicht sogar ein nettes Gespräch mit den Beamten.
Eine wichtige Regel beim Wildcampen: Camping im eigentlichen Sinne ist nicht erlaubt – also beispielsweise das Ausfahren der Markise, das Grillen oder das Aufstellen von Tisch und Stühlen. Wer also nur »parkt« mit dem Camper, wird in den meisten Ländern kein Problem haben.
Und einen Karmapunkt gewinnt jeder, der

In Göteborg, Schweden verweilen wir ein paar Tage auf dem nahegelegenen Campingplatz.

den Stellplatz sauberer hinterlässt, als er ihn vorgefunden hat. Das habe ich mir inzwischen einfach angewöhnt: Ich gehe eine Runde mit dem Hund, nehme eine Mülltüte mit und sammle herumliegenden Müll auf. Denn meistens gibt es erst dann Probleme beim Wildcampen, wenn die Einheimischen – verständlicherweise – genervt sind von den Campern und ihren Hinterlassenschaften.
Am Anfang meiner Reise im Van hatte ich noch Bedenken und fuhr immer auf offizielle Stellplätze. Dann wurde mir bewusst, dass ich mir dies auf Dauer nicht leisten kann bzw. möchte. Also tastete ich mich an das Freistehen heran. Das war im Sommer 2016 in Schweden, einem sehr schönen und entspannten Reiseland und vor allem absolut empfehlenswert für Camper. Dort habe ich mich sehr wohlgefühlt und nach ein paar Tagen des Wildcampens wurde ich immer entspannter und bin nicht mehr bei jedem Geräusch hochgeschreckt. Noch einfacher geht es, wenn man sich einfach anderen Wildcampern anschließt. Zu wissen, dass im Notfall der Nachbar zu Hilfe eilen kann, beruhigt ungemein.
Inzwischen bin ich viel entspannter unterwegs und genieße das Freistehen in der Natur und die Ruhe. Um mich an einem neuen Ort wohlzufühlen und dort über Nacht bleiben zu können, fahre ich bereits tagsüber hin, um mir die Gegend etwas genauer anzuschauen. Manchmal habe ich ein seltsames Gefühl, ohne genau zu wissen, warum – dann fahre ich einfach weiter und suche mir einen anderen Platz. Denn würde ich an dem Ort bleiben, könnte ich eh nicht ruhig schlafen. Auch wenn das Wildcampen nicht erlaubt ist, wird es in vielen Ländern Europas dort geduldet, wo sich noch nicht allzu viele Camper tummeln. Und wenn ich mir unsicher bin, ob ich an einem Platz stehen bleiben kann, weil sich in der Nähe zum Beispiel ein Restaurant oder ein Geschäft befindet – dann gehe ich einfach hin und frage nach. Offenheit, Freundlichkeit und eine gesunde Prise Gelassenheit sind die besten Wegbegleiter im Vanlife.

NUR KEINE ANGST!

Angst auf Reisen, vor dem Unbekannten, vor möglichen Szenarien, die sich abspielen könnten – man hört ja viel. Hier wurde einer überfallen, dort wurde das Auto aufgebrochen. Am besten immer auf den Campingplatz fahren, das Auto absichern, Alarmanlage, Pfefferspray ... Horrorstorys und gut gemeinte Ratschläge höre ich zuhauf.
Ich kann die Besorgnis durchaus nachvollziehen, sind wir Frauen doch zumindest körperlich meist unterlegen, wenn es zu Übergriffen kommen sollte. Dennoch habe ich mich davon nicht abhalten lassen, mein Vanlife zu leben. Was mich an der Diskussion oftmals stört: Viele der Argumente basieren auf einer

Übernachten in der Natur – so viel entspannender und schöner!

imaginären Angst. Also der Angst vor etwas, was noch nicht eingetreten ist, sondern eventuell mal passieren könnte. Wie kann ich mich davor schützen oder dies vermeiden? Genau: gar nicht. Ich muss erst einmal losfahren und für mich feststellen, ob ich mich unterwegs sicher oder doch eher unwohl fühle und wenn ja, woran das liegt. Erst, wenn ich die Gründe für meine Angst kenne, kann ich sie doch bekämpfen, richtig?
Generell bin ich nicht sehr ängstlich und vertraue auf meine Intuition. Ein bisschen Vorsicht ist natürlich immer und überall angebracht – aber das gilt nicht nur auf Reisen, sondern überall. In den ganzen drei Jahren, die ich inzwischen allein unterwegs bin, musste ich noch keine negativen Erfahrungen sammeln. Dennoch bin ich natürlich auch nicht komplett angstfrei unterwegs. Etwas Unsicherheit schwingt immer mit. Zum Beispiel, wenn ich eine längere Wanderung mache und meinen Van irgendwo parke und allein lasse. Der größte Horror für mich wäre, wenn das Auto gestohlen würde – denn dann wäre wirklich alles weg: mein Zuhause, all mein Hab und Gut … Trotz aller Bedenken empfehle ich: losfahren und ausprobieren! Nur so wirst du herausfinden, ob dieses Vanlife das richtige Leben für dich ist.

REISEREGELN FÜR EIN ENTSPANNTES LEBEN IM VAN

Campen mit Meerblick ist einfach unbezahlbar! Aber Vorsicht – in der Hauptsaison ist dies fast unmöglich.

Damit ich entspannt reisen kann, mich wohlfühle und mein Hund ebenso zufrieden ist, habe ich für mich ein paar einfache Reiseregeln aufgestellt:

1. Ich fahre immer bei Tageslicht an einen neuen Ort und erkunde die Umgebung. So kann ich mich vergewissern, ob ich die Nacht (oder mehrere Nächte) dort verbringen möchte und mich gut fühle.

2. Wenn ich mich an einem Ort unwohl fühle, fahre ich weiter, egal, ob es einen rationalen Grund dafür gibt oder nicht. Ich verlasse mich da auf mein Bauchgefühl.

3. Ich achte darauf, immer genug Sprit im Tank zu haben. Bereits zwei Mal ist es mir passiert, dass ich mit fast leerem Tank und Schweiß auf der Stirn durch die Berge Nordspaniens fuhr und bei jeder Steigung befürchtete, dass der Motor gleich ausgeht. Die nächste Tankstelle bringt dann die Erlösung – und ist meist die teuerste weit und breit.

4. Nicht nur ich, sondern auch mein Hund muss sich wohlfühlen. Es gibt Orte, da würde ich vielleicht ein paar Tage bleiben, aber Marko ist gestresst von den vielen Katzen oder vom Lärm in der Nachbarschaft. Das merke ich recht schnell und dann weiß ich auch, dass es für mich anstrengend wird. Also suche ich lieber einen anderen Ort, an

dem wir uns beide gut fühlen. So viel Zeit muss sein.

SICHERHEITSVORKEHRUNGEN AM VAN

Beim Kauf des Vans habe ich ein paar Extrasicherheitsschlösser an Fahrer- und Beifahrertür anbringen lassen. Warum? Weil mir so viele Leute sagten, dass die Türen die Schwachstellen des Vans sind und darüber recht einfach eingebrochen werden kann.
Ein Lenkradschloss sorgt zusätzlich dafür, dass der Einbrecher vielleicht »nur« den Van ausraubt, das Auto aber stehen lässt.
All diese Maßnahmen sind natürlich keine Garantie dafür, dass nicht doch etwas passieren kann. Aber zumindest sorgen sie dafür, dass der Van hoffentlich nicht gestohlen wird. Zudem kann ich entspannter unterwegs sein, beim Wandern, Klettern oder beim Sightseeing in einer Stadt – und muss nicht dauernd darüber nachdenken, ob der Van noch da ist, wenn ich zurückkomme.

VERSICHERUNGEN

Welche Versicherungen brauchst du unterwegs? Das kann man natürlich nicht pauschal beantworten, denn jeder hat ein anderes Sicherheitsbedürfnis, andere Bedingungen und Prioritäten. Hier findest du eine Liste aller Versicherungen, die ich abgeschlossen habe – welche davon für dich sinnvoll sind, musst du selbst entscheiden:

- ➠ Krankenversicherung
- ➠ Unfallversicherung
- ➠ Rechtsschutzversicherung
- ➠ Privathaftpflichtversicherung
- ➠ Hundehalter-Haftpflichtversicherung
- ➠ Kfz-Versicherung (Vollkasko)

Die Kosten für alle Versicherungen zusammen belaufen sich auf etwa 160 Euro pro Monat. Das ist überraschend günstig, oder? Ja, denn die Krankenversicherung zum Beispiel ist im Vergleich zur Versicherung in Deutschland sehr günstig. Ich war vor meinem Umzug in den Van privat krankenversichert – der Beitrag dafür war fast fünfmal so hoch wie jetzt. Das Thema Krankenversicherung im Ausland wird immer heiß diskutiert und ist auch eine der ersten Fragen von Menschen, die überlegen, ihr Leben auf Reisen zu verbringen. Ich lebe fast das ganze Jahr über im Ausland. In Deutschland bin ich, wenn überhaupt, nur wenige Wochen im Jahr. Dies ist wichtig, wenn es darum geht, eine passende Auslandskrankenversicherung zu finden. Es geht hierbei übrigens nicht um die allgemein bekannte Versicherung, die für wenig Geld für eine Urlaubsreise abgeschlossen wird, denn diese ist meist nur für wenige Wochen im Jahr gültig. Es gibt einen Auslandskrankenschutz speziell für Langzeitreisende. Ich bin bei der

In Griechenland bin ich zum ersten Mal geklettert – gut gesichert. Im Nachstieg ist das sogar mit meiner Höhenangst machbar!

Mawista versichert, ein recht bekanntes Angebot, welches mir von anderen Vanlifern empfohlen wurde. HanseMerkur, STA Travel, World Nomads oder auch der ADAC haben ebenfalls gute Angebote für Langzeit-Reiseversicherungen. Hier gilt es, die Leistungen zu vergleichen. Bei den meisten ist ein kurzer Aufenthalt in Deutschland bis zu sechs Wochen pro Jahr mit abgedeckt.
Auch bei der Kfz-Versicherung gibt es riesige Unterschiede. Hast du einen Neuwagen oder Oldtimer, möchtest du den Van mit Voll- oder Teilkasko absichern … all dies sind Kriterien, die sich auf den Preis der Versicherung auswirken.
Dazu kommen eventuell noch Versicherungen, die du als Selbstständige benötigst, was abhängig ist von deinem Beruf und den damit verbundenen Risiken.
Ich habe bei allen Versicherungen versucht, ein gutes Preis-Leistungs-Verhältnis zu bekommen. Es sind also nicht immer die günstigsten Angebote, sondern die, bei denen die Leistungen meinen Anforderungen entsprechen.

Ein wunderschöner Platz für eine Nacht – direkt an der Burganlage in der Nähe von Korinth, Griechenland

Der Vanlife-Alltag

Ja, das Leben im Campervan ist spannend und abwechslungsreich, manchmal jedoch genauso anstrengend, banal oder gar langweilig wie das Leben in einem Steinhaus. Denn auch hier fallen die alltäglichen Aufgaben an, die unterwegs teilweise etwas komplizierter sind oder vorher gar nicht notwendig waren.

DIE KOSTEN UNTERWEGS

Was kostet denn so ein Leben im Van? Diese Frage bekomme ich sehr oft gestellt. Und so leicht ist sie gar nicht zu beantworten, denn viele Faktoren spielen mit rein:

- Wohin geht die Reise? Vanlife in Norwegen ist nun mal um einiges teurer als in Griechenland. Preise für Kraftstoff, Lebensmittel, Unternehmungen, Restaurants, Eintrittsgelder für Sehenswürdigkeiten etc. variieren sehr von Land zu Land.
- Schnell oder langsam? Die Reisegeschwindigkeit macht sich direkt im Geldbeutel bemerkbar – fährst du viel, verbrauchst du mehr Kraftstoff und benötigst somit mehr Geld dafür.
- Viel Action oder lieber Entspannung? Unternimmst du viel – Sightseeing, Essen gehen … –, ist das natürlich teurer, als wenn es eher ruhig zugeht und du dir dein Essen selbst kochst.
- Wildcampen oder Campingplatz? Der Preisvorteil ist hier eindeutig: Wildcampen kostet dich maximal ein bisschen Mut und Nerven, um den perfekten Platz zu finden. Campingplätze sind bequem, aber auf Dauer eine kostspielige Angelegenheit.
- Selbst reparieren oder reparieren lassen? Irgendetwas geht ja immer mal kaputt am Van. Kannst du das selbst reparieren, bist du klar im Vorteil. Ein Fachmann ist teuer.

Ein paar Zahlen zur Orientierung

Auf meiner Reise durch Skandinavien, wo ich wirklich viel unterwegs war – mindestens jeden zweiten Tag ging die Reise weiter –, habe ich pro Monat etwa 900 Euro ausgegeben, die monatlichen Fixkosten nicht mit eingerechnet. Am günstigsten geht es in Griechenland zu: Dort kann ich gut mit 300 Euro pro Monat auskommen. Das liegt vor allem daran, dass ich inzwischen viel langsamer reise. Aber auch die Lebenshaltungskosten sind in Griechenland natürlich um einiges niedriger als in Norwegen. Also, eine pauschale Zahl festzumachen ist nicht möglich, aber eins kann ich bestätigen: Das Leben im Van kann wesentlich günstiger sein als das Leben in einer Wohnung.

Geld sparen unterwegs – ganz einfach

Wie du siehst, ist bereits die Wahl des Reiselandes ein Faktor, der bei der Kostenkalkulation eine wichtige Rolle spielt. Es gibt jedoch

Oben: Müll sammeln am Strand in Griechenland – leider sehr oft notwendig
Unten: Total abgeschieden kann man in manchen Ecken Portugals auch direkt am Meer übernachten (an der Westküste).

noch mehr praktische Tipps, um mit wenig Geld unterwegs gut leben zu können:

- ➡ Kein Platz für Nippes: Dank des begrenzten Platzes im Van kommt man sowieso nicht auf die Idee, dem Shoppingwahn zu verfallen, zumindest wäre das eine sehr blöde Idee. Denn wohin mit dem ganzen Kram? Jeder Einkauf muss gut überlegt sein: Brauche ich das wirklich? Das hilft bereits indirekt beim Geldsparen.
- ➡ Langsam fahren: Einfach länger an einem Ort verweilen – damit spart man nicht nur Sprit, sondern kommt gleichzeitig in den Genuss, die Gegend viel intensiver kennenzulernen. Am Anfang bin ich noch fast jeden Tag weitergefahren. Das mache ich inzwischen nur noch selten. Mindestens vier bis fünf Tag bleibe ich an einem Ort – vorausgesetzt natürlich, ich fühle mich dort wohl.
- ➡ Wochenmärkte: Das Einkaufen von Lebensmitteln wie frischem Obst und Gemüse ist auf Wochenmärkten in vielen Ländern günstiger als im Supermarkt. Ein nettes Gespräch mit den Verkäufern gibt es gratis dazu.
- ➡ Essen, wo die Locals essen: Die kleine Taverne an der Straßenecke ist dann zu empfehlen, wenn drinnen oder davor eine Menge Einheimische sitzen. Die touristischen Lokale mit bebilderten und mehrsprachigen Speisekarten sind meistens um einiges teurer.
- ➡ Preise vergleichen: Bei manchen Dingen lohnt es sich, sie in Deutschland zu bestellen und liefern zu lassen. Das mache ich zum Beispiel mit Hundefutter, das ist in Deutschland viel günstiger als beispielsweise in Griechenland. Auch elektronische Geräte sind in Deutschland günstiger zu bekommen, vor allem ist die Auswahl größer. Wenn solche Dinge angeschafft werden müssen, lohnt sich ein Preisvergleich definitiv.

KOCHEN IM VAN

Das Kochen im Van kann zu einer kleinen Herausforderung werden, denn so bequem wie zu Hause in der Wohnung ist es natürlich nicht. Naturgemäß ist der Platz zum Kochen im Van sehr begrenzt. Deshalb versuche ich, einfache Gerichte zuzubereiten. Bestenfalls kommt alles zusammen in einen Topf.
Die Küche befindet sich genau zwischen Bad und Schlafzimmer. Wenn gekocht wird, duftet es im ganzen Van nach – hoffentlich! – leckerem Essen. Bei schönem Wetter mache ich zum Kochen die Schiebetür oder die Fenster auf. In meiner Van-Küche gibt es einen Gasherd mit zwei Flammen, dazu einen kleinen Kühlschrank und die Spüle. Einen Backofen oder gar Mikrowelle habe ich nicht. Das einzige elektrische Küchengerät ist ein Akku-Stabmixer, damit kann ich Hummus selbst machen oder vegane Leberwurst oder auch die verschiedensten Suppen pürieren. Da nur der Herd Gas benötigt – alles andere wird über Strom oder über die Dieselheizung betrieben –, reicht die angeschlossene Elf-Kilo-Gasflasche über ein Jahr lang.
Vorräte werden in Schubladen und überall dort verstaut, wo Platz ist. Dieser ist im Grunde minimal. Dennoch habe ich immer die wichtigsten Dinge dabei, wie Linsen in allen Formen und Farben, Reis, Pasta, Couscous sowie Kidneybohnen, Kichererbsen, Tomatensoße und wenige – etwa acht häufig verwendete – Gewürze. So muss ich nur regelmäßig für frisches Gemüse sorgen und das Kochen kann beginnen.
Kochen on the road ist zwar etwas anders als zu Hause, aber keineswegs kompliziert. Ganz im Gegenteil: Vielleicht hilft gerade die Einschränkung von Platz und Auswahl dabei, die Gerichte einfach zu gestalten, aber so, dass sie dennoch lecker werden.

BELLA
Fotuğraf
ÇEKMEYIN
NO FOTO
NO FOTO
PAPU
18/€

WAS GIBT'S DENN NUN ZU ESSEN?

Hier folgen drei meiner Lieblings-Rezepte. Lass dich überraschen, welch tolle Gerichte man im Van zaubern kann. Alle vegan und verdammt lecker. Guten Appetit!

Chili sin carne

Schmeckt wunderbar zu frischem Brot, Reis oder Pasta

100 g Sojagranulat
1 Zwiebel
2 Knoblauchzehen
Olivenöl
1 Möhre
1 rote Paprika
1 Stange Lauch
Kidneybohnen
Mais
Tomatenstückchen
4 EL Tomatenmark
Salz, Pfeffer, Majoran, Chilipulver, Oregano, Thymian
ca. 300 ml Gemüsebrühe

Das Sojagranulat in heißem Wasser einweichen. Zwiebelwürfel und Knoblauch in etwas Öl anbraten. Sobald die Zwiebeln glasig sind, Sojagranulat in die Pfanne geben und kurz anbraten, dann Möhre, Paprika und Lauch klein geschnitten dazugeben.
Nach etwa 5 Minuten Kidneybohnen, Mais und Tomatenstückchen hinzufügen, würzen und die Gemüsebrühe dazugießen.
Alles zusammen unter stetigem Rühren etwa 30 Minuten köcheln lassen.

Krautnudeln

Ein wunderbar einfaches Gericht für Tage, an denen ich wenig Lust zum Kochen habe.

1 Zwiebel
Öl zum Braten
1 kleiner Weißkohl
Salz, Pfeffer, Kreuzkümmel
1/2 Packung Pasta

Die Zwiebel klein würfeln, in Öl kurz anbraten, den klein geschnittenen Weißkohl hinzugeben und alles rösten, bis sich der Kohl leicht bräunlich verfärbt. Das dauert je nach Menge etwa 15–20 Minuten. Mit Salz, Pfeffer und Kreuzkümmel abschmecken. Nebenher die Pasta zubereiten, zum Schluss alles zusammen in einem Topf verrühren – fertig!

Vorhergehende Doppelseite: Ein einsamer Parkplatz am Aoou-See in Nordgriechenland. Hier lässt sich's aushalten für ein paar Tage – wenn der Kühlschrank gefüllt ist. Denn es gibt weit und breit keine Einkaufsmöglichkeiten.
Oben und unten: Kochen im Van macht mir Spaß. Mit wenig Platz entstehen dennoch die leckersten und einfache Gerichte. Und alles notwendige ist immer griffbereit.

Couscous mit Gemüse

Wenn es mal noch schneller gehen soll, ist Couscous mein Retter in hungrigen Momenten.

ca. 300 ml Gemüsebrühe
1 kleine Zwiebel
1 Paprika
1 Tasse Couscous
Gewürze nach Belieben
1 EL Olivenöl
1 TL Tahini

Die Gemüsebrühe in einer Schüssel (ich verwende eine Müslischale) anrühren. Zwiebel und Paprika klein hacken und hinzufügen, kurz umrühren und dann den Couscous hinzugeben. Warten, bis dieser aufgequollen ist. Gewürze hinzufügen (Salz, Pfeffer, Paprikapulver, Petersilie …), Olivenöl sowie Tahini unterrühren und fertig ist eine leckere, flinke Mahlzeit für zwischendurch.

EINKAUFEN UNTERWEGS

Etwa einmal pro Woche fahre ich zum Einkaufen von Lebensmitteln. Einen Einkaufszettel habe ich nicht, aber ich weiß ungefähr, was ich brauche. Es macht mir Spaß, in den Regalen der Supermärkte oder auf dem Markt nach neuen Leckereien zum Ausprobieren zu stöbern.
Obst und Gemüse kaufe ich fast ausschließlich auf Wochenmärkten. Doch dazu muss man erst mal herausfinden, wann und wo einer dieser Märkte stattfindet. Infos darüber können vor Ort erfragt werden, alternativ findet man gute Tipps auch in den Facebook-Gruppen des jeweiligen Reiselandes. Da man anfangs die Produkte und ihre Qualität nicht kennt, ist das Einkaufen unterwegs in fremden Regionen etwas schwieriger. Eine fremde Sprache erschwert die Kaufentscheidung ebenfalls – wenn ich die Zutatenliste lesen möchte, aber kein Griechisch spreche, muss ich manchmal einfach »auf Verdacht« kaufen und hoffen, dass es schmeckt. Nach ein paar Wochen im neuen Land wird alles einfacher, dann kennt man die Märkte und hat erste Lieblingsprodukte für sich entdeckt.

ONLINESHOPPING

Mal eben flink etwas online bestellen geht unterwegs im Van nicht mehr. Das Bestellen ist natürlich wie gewohnt möglich – aber wohin soll das Paket geliefert werden? Hier musst du kreativ werden. Ein paar Beispiele: Nach meiner Erfahrung kann man in vielen Ländern (innerhalb der EU) Pakete postlagernd an Postfilialen schicken lassen. Das klappt meines Wissens jedoch nur, wenn der Versand über DHL erfolgt. Dafür suche ich

Ob gesunde Gemüsepfanne oder auch mal ein leckerer Kuchen – genüsslich Schlemmen geht auch unterwegs im Van.

HIGH FLYING BIRDS

die Anschrift der gewünschten Postfiliale im nächsten Ort raus und füge bei der Adresse meinen Namen sowie den Hinweis »poste restante«(postlagernd) hinzu. Anhand der Tracking-ID des Paketes kann ich dann sehen, wann das Paket angekommen ist, und es bei der Filiale abholen.
Eine andere Möglichkeit ist, das Paket an die Anschrift eines Campingplatzes senden zu lassen – nach vorheriger Absprache mit den Campingplatzbesitzern. Das ist meistens problemlos möglich.
Hast du mehrere Dinge bei unterschiedlichen Händlern bestellt, lasse diese am besten erst mal an die Anschrift eines Freundes oder Familienmitglieds in Deutschland schicken. Die sollten dann alles zusammen in ein großes Paket packen und dieses an die Adresse im Ausland schicken.
Wie du siehst, ist es etwas komplizierter, Sachen online zu kaufen, aber nicht unmöglich.
Mit etwas Geduld und Organisationsgeschick funktioniert auch das unterwegs.

WÄSCHEWASCHEN

Unterwegs Wäsche zu waschen ist ein bisschen kompliziert, die wenigsten Vanlifer haben eine Waschmaschine an Bord! Als Alternative bieten sich mehrere Optionen an, je nach Land sind die Angebote ganz verschieden.

Handwäsche

Die anstrengendste Variante ist das Waschen der Wäsche per Hand. Für ein paar Teile zwischendurch ist das okay, aber nicht, wenn du zwei große Tüten voller Schmutzwäsche hast. Für die kleine Handwäsche genügt warmes Wasser und etwas Waschsoda.
Das ist umweltfreundlich und reinigt normal verschmutzte Wäsche ganz wunderbar.

Waschsalon

Die schnellere Variante ist das Wäschewaschen in Waschsalons. Diese gibt es in größeren Orten und dort ganz oft mitten im Stadtzentrum. Das heißt im schlimmsten Falle, dass man den Van weiter weg parken und dann mit den Tüten voller Wäsche durch die Stadt laufen muss.
In Portugal und Frankreich bieten viele Märkte der Supermarktkette Intermarché direkt auf dem Parkplatz Waschmaschinen und Trockner zur Selbstbedingung an. Das ist ideal, denn so kann nebenher der Einkauf gleich mit erledigt werden.
In den meisten Waschsalons wird Münzgeld zum Bezahlen benötigt, wenn man Glück hat, gibt es einen Automaten, der Scheine wechselt. Wenn nicht, heißt es losziehen und im Geschäft nebenan oder in einer Bank Kleingeld organisieren.
Manche Waschsalons bieten ein »All inclusive«-Programm – in die Waschmaschinen wird dann Waschmittel automatisch eingefüllt.

Oben: Die Wäsche lässt sich gut im Van trockenen.
Unten: Ein Wochenmarkt in Leonidio, Griechenland. Hier bekommst du frisches Obst und Gemüse direkt vom Bauern aus der Region.

Das ist praktisch, hat aber den Nachteil, dass man nicht weiß, was genau verwendet wird (Stichwort Umwelt, Allergien …). Mir ist es lieber, wenn ich mein eigenes Waschmittel verwenden kann.

Wäscherei
In manchen Regionen gibt es gar keine Waschsalons, dann bleibt noch die Option, eine Wäscherei aufzusuchen. Dort wird man persönlich bedient, gibt seine Wäsche ab und bekommt sie ein paar Stunden später oder am nächsten Tag getrocknet und zusammengefaltet zurück. Das ist meist etwas teurer als der Selbstbedienungs-Waschsalon.

Auf dem Campingplatz
Viele Campingplätze haben ebenfalls Waschmaschinen und manchmal auch Trockner. Dieser Service kostet extra und ist meistens recht teuer im Vergleich zu Waschsalons. Aber dafür parkt man idyllisch direkt vor Ort, kann sich parallel um andere Dinge kümmern oder einfach einen Kaffee trinken.

KOSMETIK – MEHR NATUR & WENIGER PLASTIK

Das Leben im Van hat bei mir dazu geführt, dass ich mich noch intensiver mit den Themen Minimalismus und Umweltschutz beschäftige. Das umfasst auch die Kosmetikprodukte und Reinigungsmittel, die täglich in Verwendung sind und oftmals viel zu viel unnütze Chemie enthalten und obendrein größtenteils in Plastik verpackt sind.

Mir ist wichtig, dass die Produkte umweltfreundlich sind und so wenig wie möglich Müll produzieren. Deshalb habe ich nach und nach die verwendeten Produkte ersetzt. Hier ein paar Beispiele:

Haarseife statt Shampoo
Ich verwende inzwischen kein Shampoo, keine Spülung oder Haarkur mehr, sondern komme wunderbar mit einer Haarseife zurecht. Diese ist umweltfreundlich und idealerweise nur in Papier verpackt. Zudem hält eine Seife bei mir über einen Monat. Achte beim Kauf darauf, Haarseife nicht mit festem Shampoo zu verwechseln. Letzteres enthält meist genauso viele unnötige Zusatzstoffe wie flüssiges Shampoo. Haarseifen hingegen bestehen nur aus natürlichen Ölen und Zusätzen, je nach Hersteller. Meine Lieblingsseifen kommen von Rauch's Seifenmanufaktur sowie der Firma Wolkenseifen. Jedes Haar ist anders, du musst einfach ein bisschen ausprobieren, welche Haarseife für dich am besten funktioniert.

Bodylotion: Kokosöl
Als Bodylotion verwende ich Bio-Kokosöl – das einfachste Rezept von allen. Es pflegt die Haut, zieht sehr schnell ein und duftet ausgesprochen lecker.

Manchmal kommen Schafe zu Besuch,
im Van bricht das Chaos aus… ganz normaler Alltag.
Unten rechts: Beim Klettern in Leonidio
(Foto: Christina Lauterkorn)

movingroovin.de

B MG 4221

Must-have: die Menstruationstasse
Die meisten Frauen verwenden immer noch Binden oder Tampons für die Monatshygiene. Ich bin vor ein paar Jahren auf die Menstruationstasse aufmerksam geworden, als ich auf einer längeren Reise nach Südamerika unterwegs war. Seitdem will ich nichts anderes mehr benutzen.
Die Menstruationstasse spart eine Menge Müll und auch Geld, sie kostet zwischen 15 und 30 Euro und ist etwa zehn Jahre lang verwendbar. Das Reinigen geht einfach unter fließendem Wasser und am Ende des Zyklus wird die Tasse durch Auskochen desinfiziert.

Kosmetik selbst herstellen
Mit der Zeit habe ich angefangen, andere Kosmetikprodukte selbst herzustellen. Das ist viel einfacher, als man anfangs denken mag. Zudem sind die selbst gemachten Produkte viel günstiger und du kannst mit der Zeit die Rezepturen verändern und rumprobieren, bis das Produkt für dich perfekt ist. Nachfolgend paar Dinge, die ich inzwischen selbst herstelle:

- Deocreme, bestehend aus Kokosöl, Natron und Stärke: Ein Esslöffel Natron wird mit einem Esslöffel Stärke (Mais- oder Kartoffelstärke) in einem Gefäß vermischt. Anschließend gibt man zwei Esslöffel Bio-Kokosöl in flüssiger Form hinzu und rührt das Ganze so lange, bis eine cremige Masse entsteht. Nach Belieben kann ätherisches Öl hinzugegeben werden. Ich verwende gern Lavendelöl, da es auch eine antibakterielle Wirkung hat. Die fertige Masse in einen Cremetiegel geben und fertig ist die Deocreme.
- Haarspülung, bestehend aus Wasser und Apfelessig: Im Anschluss an die Haarwäsche kommt eine ganz einfache Haarspülung, bestehend aus einem Liter Wasser und einem Esslöffel Apfelessig, zum Einsatz. Damit wird das Haar durchgespült, die basische Wirkung der Haarseife wird wieder ausgeglichen und etwaige Rückstände werden aus dem Haar entfernt.
- Zahncreme, bestehend aus Kokosöl, Natron, Pfefferminzöl, Kurkuma und Zimt: Diese Rezeptur klingt erst mal seltsam und ich war skeptisch, als ich diese gelbliche Creme zum ersten Mal auf der Zahnbürste hatte. Doch die Vorteile der selbst gemachten Zahncreme sind vielschichtig: Sie spart Verpackungsmüll, enthält keine fragwürdigen Substanzen wie gewöhnliche Zahncreme und sie ist einfach und günstig in der Herstellung. Und das Wichtigste: Sie wirkt! Kokosöl wirkt antibakteriell und antiviral, Natron sorgt für die Reinigung und Aufhellung der Zähne, Kurkuma lindert Entzündungen und hellt ebenfalls die Zähne auf und auch der Zimt wirkt entzündungshemmend und schmerzstillend. Nur bei Zahnersatz sollte Kurkuma weggelassen werden, es könnte Verfärbungen verursachen.

Oben: Einblick in meinen Vanlife-Alltag.
Ein bisschen Meer, ein paar Berge, Essen und immer dabei – Vandog Marko.
Unten: Camper-Treffen am Strand in Portugal.
Nicht erlaubt, aber oftmals großzügig toleriert.

Das genaue Rezept geht so: 3 Esslöffel natives Kokosöl, 1 Esslöffel Natron, jeweils 1 Prise Kurkuma und Zimt sowie 10–15 Tropfen naturreines Pfefferminzöl werden gut vermischt und fertig ist die selbst gemachte Zahncreme.

»WOHNUNGSPUTZ«

Auch im Van muss man mal den Putzlappen schwingen. Das Gute am Vanlife: Wenig Platz bedeutet auch weniger Aufräumen, der »Hausputz« ist meist in ein paar Minuten erledigt. Mittlerweile benutze ich eigentlich nur noch selbst hergestellte Putzmittel.

- Reiniger für Küche und Bad, bestehend aus Wasser, Zitronensäure und Seife: Für das Reinigen von Küche und Bad verwende ich einen Kraftreiniger, der sehr gut gegen Kalk- und Fettablagerungen wirkt. Dafür werden 50 g Zitronensäure in 500 ml lauwarmes Wasser gegeben und so lange vermischt, bis sie sich aufgelöst hat. Einen Teelöffel Flüssigseife (oder Bio-Spülmittel) sowie 5–10 Tropfen ätherisches Öl (z. B. Lavendel, Teebaumöl oder Zitrone) hinzugeben und fertig ist der kraftvolle und umweltfreundliche Reiniger.
- Spülmittel, bestehend aus Natron, Flüssigseife und Wasser: Auch das Spülmittel für den Abwasch stelle ich selbst her, spare damit Geld und schone die Umwelt. In einer leeren Flasche vermische ich einen Teelöffel Natron mit 100 ml neutraler Flüssigseife (oder einem Esslöffel Waschsoda) und 500 ml Wasser. Für den Duft gebe ich ein paar Tropfen ätherisches Zitronenöl hinzu.

Die meisten dieser Rezepte und Tipps habe ich übrigens auf der Website und in den Büchern von smarticular.net gefunden. Dort findest du noch mehr Tipps für umweltfreundliche und ressourcenschonende Alternativen für den Haushalt, Kosmetik und vieles mehr.

Ein bisschen Luxus:
Staubsauger und Waschanlage

Wer mit Hund unterwegs ist, wird die meiste Zeit damit beschäftigt sein, die Hundehaare wieder loszuwerden. Mein haariger Begleiter ist der Grund, warum ich einen dieser teuren Handstaubsauger mit Supersaugkraft dabeihabe, der jedes Hundehaar noch aus der kleinsten Ritze saugt.
Das Innere des Vans halte ich sauber, außen achte ich eher weniger auf die Reinheit. Die Farbe meines Campers (dunkelgrau) begünstigt, dass man den Dreck auf dem Lack nicht so schnell sieht. Vielleicht einmal im Jahr, wenn ich eine Waschanlage sehe oder das Auto sehr schmutzig ist, gönne ich meinem Van eine Autowäsche. Aber wichtig ist mir die Optik nicht, der nächste Regenschauer befreit den Van zumindest vom gröbsten Dreck. Zum Nachahmen empfehle ich dies natürlich nicht, etwas mehr Pflege von außen könnte auch meinem Van ganz guttun.

Oben: Mein Van sieht meist ziemlich schmutzig aus. Hier war eine Mischung aus Staub und Morgentau für die »Verschönerung« verantwortlich.
Unten: Campen mit lieben Freunden auf den Lofoten in Norwegen – ein Traum!

VANTOURER

MÜLL ENTSORGEN BZW. VERMEIDEN

Müllvermeidung ist die beste Strategie, denn Mülltrennung und fachgerechte Entsorgung ist unterwegs nur selten möglich. Generell versuche ich, so wenig abgepackte Ware wie möglich zu erstehen. Und beim Einkauf habe ich einen Einkaufsbeutel dabei, um Plastiktüten zu umgehen. Für frisches Obst und Gemüse verwende ich Baumwollnetze. In manchen Ländern werde ich deshalb gern mal skeptisch beäugt, aber schnell erkennen die Leute die Intention dahinter und freuen sich über diese Idee.
Die Müllentsorgung ist je nach Land unterschiedlich. In vielen Ländern findet man große Mülltonnen am Straßenrand, auf Parkplätzen oder an Tankstellen. Mülltrennung ist dabei leider nicht immer möglich. Umso mehr lautet die pragmatische Lösung: einfach wenig Müll produzieren. Denn selbst wenn der Müll in Tonnen gesammelt wird, ist noch längst nicht klar, wo dieser am Ende landet und wie bzw. ob er überhaupt recycelt wird.

WASSERVERSORGUNG

Mein Campervan hat einen Frischwassertank mit 110 Liter Fassungsvermögen, in den Abwassertank – wo das Gebrauchtwasser aus Küche und Dusche hineinfließt – passen 90 Liter. Eine Anzeige im Camper zeigt den ungefähren Füllstand der Tanks, sodass ich gut erkennen kann, wann mal wieder Wasser aufgefüllt bzw. abgelassen werden muss.

Für das Tanken von Frischwasser gibt es viele Möglichkeiten, von Land zu Land ist das Angebot jedoch verschieden. Auf Campingplätzen steht immer Frischwasser zur Verfügung, meistens kostenlos für die Übernachtungsgäste. Stellplätze – das sind öffentliche Parkplätze explizit für Campingmobile – bieten auch oft Ver- und Entsorgungsmöglichkeiten.

Alternative Möglichkeiten für Frischwasser
Wasserquellen in den Bergen sind die beste Lösung. Im Inland Spaniens sowie im Norden Griechenlands habe ich hauptsächlich mein Wasser aus Wasserquellen in den Bergen und aus den Brunnen der kleinen Bergdörfer bezogen. Dort holen auch die Einheimischen ihr Trinkwasser – ein zuverlässiges Zeichen, dass es auch gut sein muss. Im Zweifelsfall lohnt es sich, vor Ort jemanden nach der Wasserqualität zu fragen.
An Tankstellen kann man ebenfalls nett nachfragen, oft gibt es dort irgendwo einen Wasseranschluss. Das Wasser ist jedoch meistens nicht als Trinkwasser geeignet. Auch Friedhöfe haben oft einen Wasseranschluss. Falls jemand vor Ort ist, sind ein Lächeln und die Frage, ob man sich ein bisschen Wasser abzapfen darf, immer eine nette Geste.
Das Frischwasser im Wassertank verwende ich allerdings nicht zum Trinken, da die Qualität des Wassers nicht immer sicher ist und der Wassertank ja nie ganz leer ist, das Wasser

Unterwegs in den Picos de Europa, und nach dem Wandern ist die Küste Nordspaniens gar nicht weit weg – eine ideale Kombination!

also ein Mix aus verschiedenen Quellen ist. In Spanien zum Beispiel sind viele Wasserquellen in der Nähe der Küste sehr mit Chlor versetzt; das ist okay fürs Duschen und zum Abwaschen, aber nicht zum Kochen oder für den Kaffee.
Habe ich mal eine Quelle gefunden, die wirklich sauberes und klares Wasser spendet, fülle ich ein paar Liter als Trinkwasser in einen separaten Zehn-Liter-Wasserkanister ab und spare mir so den Einkauf von Wasser in Plastikflaschen. Falls kein Trinkwasser verfügbar ist, muss ich leider auf die Plastikflaschen im Supermarkt zurückgreifen.
Eine Alternative wäre ein Wasserfilter. Hierbei gibt es die einfachen Varianten (der Wasserbehälter mit integriertem Filter) bis hin zum komplexen Wasserfiltersystem, das direkt an den Frischwassertank des Campers angeschlossen wird und welches beim Befüllen das Wasser automatisch filtert.

i

Auf dieser Website kannst du nach Wasserquellen suchen: drinkingwater.directory/de

Wohin mit dem Abwasser?
Idealerweise wird das Abwasser an dafür vorgesehenen Entsorgungsstationen abgelassen, also auf Camping- oder Stellplätzen. Ich achte jedoch darauf, im Camper nur zu 100 Prozent abbaubare Produkte fürs Abspülen, Duschen und Haarewaschen zu verwenden. Das ist nicht nur viel besser für Haut und Haare, sondern gibt mir die Möglichkeit, im Notfall das Abwasser mal in der Natur rauszulassen. Gerade in abgelegenen Gebieten mit wenig Infrastruktur für Camper gibt es manchmal keine andere Option.

TOILETTE ENTLEEREN

Wer eine Toilette an Bord hat, muss diese in regelmäßigen Abständen entleeren. Das ist anfangs nicht sonderlich angenehm, aber mit der Zeit gewöhnt man sich daran. Für Chemietoiletten gilt: Sie müssen in dafür geeignete Entsorgungsstationen geleert werden, denn die darin verwendete Chemie sollte nicht in die Natur gelangen. Bei Trenntoiletten ist es schon einfacher: Der Urinbehälter kann in öffentlichen Toiletten oder auch in der Natur entleert werden. Feststoffe können mit dem normalen Müll oder auf dem Kompost entsorgt werden.

CAMPERVAN CHECKEN

Lebst du Vollzeit in deinem Campervan, muss auch dieser ein bisschen gepflegt werden, damit er dir lange treue Dienste leistet. Neben dem TÜV, der für jedes Auto regelmäßig ansteht, kannst du auch selbst dafür sorgen, dass es deinem Van an nichts fehlt. Ganz wichtig: Den Ölstand des Vans solltest du

Sonnenaufgang irgendwo in Frankreich.
Auch Marko genießt den schönen Ausblick.

regelmäßig überprüfen. Wie oft genau, steht meistens im Handbuch des Fahrzeuges. Ich schaue einfach immer mal rein, wenn ich daran denke.
Auch ein regelmäßiger Check des Reifendrucks ist zu empfehlen. Die meisten Tankstellen haben eine Station zum Messen und Befüllen der Reifen. Ich überprüfe den Reifendruck etwa bei jedem zweiten Tankstopp. Schließlich hat der Druck Auswirkungen auf das Fahrverhalten des Vans, auf den Spritverbrauch und den Verschleiß der Reifen.
Für die Pflege der Gummidichtungen an den Fenstern und Türen des Campervans kommt Silikonspray zum Einsatz. Werden die Dichtungen regelmäßig damit behandelt, werden sie weniger schnell brüchig (was vor allem bei großer Hitze im Sommer passieren kann).

i

Ein Tipp meines Werkstattmeisters: WD-40 ist das Allroundmittel für deinen Van. Hierbei handelt es sich um ein Kriechöl, das als Korrosionsschutz, Kontaktspray sowie als Reiniger verwendet werden kann. Quietschende Teile werden dank WD-40 wieder ruhig, eingerostete Schrauben lassen sich damit wieder lösen.

ALLEIN, ABER DOCH NICHT ALLEIN

Allein im Camper durch die Welt zu reisen bedeutet nicht, dass man nicht doch ab und an Lust auf Gesellschaft hat. Ich kann es gut mit mir selbst aushalten, freue mich aber hin und wieder, nette Leute zu treffen und mich auszutauschen. Neben den zufälligen Begegnungen mit anderen Campern gibt es Möglichkeiten, wie du aktiv nach Mitreisenden oder Bekanntschaften vor Ort suchen kannst.

Couchsurfing

Das Netzwerk CouchSurfing ist die bekannte Plattform für Reisende, die auf der Suche nach einem Übernachtungsplatz bei einem Local sind. Dabei geht es aber auch um die Community und darum, Leute zu treffen und sich gegenseitig zu helfen oder etwas gemeinsam zu unternehmen. Du kannst auf couchsurfing.com einfach den Ort eingeben, an dem du dich gerade befindest oder wo du hinfährst, und schauen, ob es einen sympathischen Host gibt, der dir vielleicht ein paar schöne Ecken zeigt, mit dir auf ein Konzert geht oder einfach auf einen Drink in eine Bar. Das kann zu sehr spannenden Begegnungen führen.

Facebook fragen

Bei Facebook gibt es einige Gruppen rund um das Thema Vanlife. Dort, oder auch in speziellen Gruppen für Alleinreisende, kommen oft Fragen von Alleinreisenden nach einer Reisebegleitung auf. Auch das ist also eine gute Option, sich unterwegs zu treffen, gemeinsam Zeit zu verbringen und sich auszutauschen.

Alleine reisen bedeutet nicht, alleine zu sein. Ein Treffen mit lieben Freunden und Gleichgesinnten sorgt für Abwechslung!

Same Shirt–
Different Day.

GIPFELTRAEUMER
SOS
MEDITERRANEE
#TogetherForRescue

Das digitale Nomadentum – Arbeiten unterwegs

»Arbeiten, wo andere Urlaub machen« – ein bekannter Spruch, der für manche traumhaft klingt, andere können sich gar nicht vorstellen, an schönen Urlaubsorten konzentriert zu arbeiten. Zugegeben – es ist nicht immer einfach.

Ich mag den Begriff »digitale Nomadin« nicht sonderlich. Denn was sagt er aus? Nicht mehr, als dass ich meinen Job ortsunabhängig und digital ausübe. Was genau die Herausforderungen sind, welche Jobs unterwegs realisierbar sind und wie man am besten startet, ist so individuell, dass es keine fertige Strategie dafür gibt, auch wenn einem dies oftmals suggeriert wird. Daher sollte nicht das Ziel sein: »Ich werde digitale Nomadin«, denn das ist nur ein Lifestyle. Der Job, den du ortsunabhängig ausüben möchtest, muss zu deinen Fähigkeiten und Vorstellungen passen – und die Herausforderung für dich wird sein, diesen zu einem ortsunabhängigen Business aufzubauen.

Welche Arbeit kann man denn von unterwegs ausüben? Was eignet sich am besten für ein flexibles Leben nach dem »Heute hier, morgen dort«-Prinzip? Einfach gesagt: Alles, was online umsetzbar ist. Also Tätigkeiten, die vom Laptop aus, egal, wo man gerade ist, erledigt werden können. Die einzige Bedingung ist eine verlässliche Internetverbindung.

Mein Tipp: Überlege vorher, wie du am besten unterwegs Geld verdienen willst, und plane etwas Zeit für die Vorbereitung, Schulungen, Kurse, Papierkram und so weiter ein. Möchtest du dich selbstständig machen, sammle erst einmal Erfahrung und ein paar Referenzen, bevor du ins Vanlife startest. Damit ist der Weg ins ortsunabhängige Business nicht mehr ganz so steinig.

> i
>
> Inzwischen gibt es eine sehr gute Community der Camper Nomads – also der Leute, die im Campervan leben und von unterwegs aus arbeiten. Schau mal auf campernomads.net vorbei. Dort bekommst du viele Tipps und findest Kontakt zu Gleichgesinnten.

ONLINE ARBEITEN – ABER WAS?

Ich bin Webdesignerin und -programmiererin, erstelle neue und optimiere bestehende Webseiten für meine Kunden. Alles, was ich dafür benötigte, sind mein Laptop und eine gute Internetverbindung.

Bereits fünf Jahre vor meinem Umzug in den Van habe ich diesen Beruf als Selbstständige in Berlin ausgeübt und mir so ein gutes Netzwerk aufgebaut, tolle Kunden gewonnen, die mir oft neue Aufträge über ihre Empfehlung

Arbeiten unterwegs im Van, nicht immer einfach, aber besser als in einem stickigen Großraumbüro zu sitzen.

bescheren. Mit meinen Kunden kommuniziere ich per E-Mail oder Telefon, dabei ist es egal, wo ich mich gerade aufhalte. Der Umzug in den Van war für mich beruflich also kein Problem.

Weitere Ideen, um online Geld zu verdienen
Nicht jeder will anfangen, Webseiten zu bauen, aber zum Glück gibt es unendliche Möglichkeiten, online Geld zu verdienen. Hier ein paar Beispiele (die Liste ließe sich beliebig lang fortsetzen):

- Virtuelle Assistenz: Als virtuelle Assistentin unterstützt du Unternehmen oder Freelancer bei diversen administrativen Aufgaben. Das ist eine gute Möglichkeit, um ohne viele Hürden einen ortsunabhängigen Job zu finden.
- Onlinemarketing: Das Thema Onlinemarketing umfasst alles rund um Werbung und Markenpräsentation im Internet. Von der Entwicklung der Marketingstrategie für Unternehmen über Beratung und Umsetzung von Social-Media-Aktivitäten bis hin zum Erstellen von Blogartikeln, Werbebannern, Videos … die Aufgaben

Arbeiten unterwegs: Anjas Setup im Wohnmobil (Foto: Anja)

sind unendlich und die Nachfrage nach Unterstützung ist groß. Onlinemarketing ist ein weites Feld und für jeden Bereich gibt es Spezialisten, die ihr Fachwissen einbringen können. Das Ganze funktioniert online wunderbar.

- Texten: Eigene Texte schreiben und sie in Form eines Buches, eBooks oder online zu verkaufen ist eine weitere Option, von unterwegs aus Geld zu verdienen. Oder das Schreiben von Texten für Unternehmen oder Personen, für ihre Webseite, Marketingaktionen oder Blogbeiträge … mit ein wenig Talent im Schreiben und ein paar guten Kontakten kannst du mit dem Texten auch on the road leicht Geld verdienen.
- Programmieren: Ich habe keine Ahnung, wie viele Programmiersprachen es inzwischen gibt, aber eins ist sicher: Programmiererinnen werden immer gesucht. Webseiten, Apps oder Softwareentwicklung – das Thema ist so vielfältig, dass mehrere Berufsgruppen darin Platz finden. Das Fokussieren auf ein Spezialgebiet ist wichtig, denn die Komplexität erfordert fundiertes Detailwissen und Erfahrung. Auch hier gilt: Laptop und Internetzugang genügen und du kannst von überall aus arbeiten.
- Grafikdesign: Ein neues Logo oder ein komplettes Corporate Design für den Kunden, Gestaltung von Flyern, Plakaten, Buchcovern … auch für diesen Berufs-

zweig gibt es unendliche Möglichkeiten, als kreativer Kopf von unterwegs aus die Kunden zu bedienen.

- Fotografie: Idealerweise hast du bereits eine Reputation als Fotografin und bekommst neue Aufträge über Empfehlungen oder durch dein Netzwerk. Die eigenen Fotos kannst du auch online verkaufen – entweder auf der eigenen Webseite oder über die Plattformen diverser Anbieter wie zum Beispiel bei Fotolia, Adobe Stock oder iStock. Weitere Möglichkeiten sind beispielsweise das Anbieten von Onlinefotokursen oder Fotografiereisen.

Learn something new every day

Nicht für alle der genannten Berufe ist zwingend ein Studium oder eine Ausbildung notwendig. Falls du also noch keine Erfahrung in dem Bereich hast, mit dem du künftig dein Onlinebusiness unterwegs betreiben möchtest, kannst du dir die Grundlagen womöglich online aneignen, beispielsweise mit entsprechenden Kursen bei Udemy, Coursera, LinkedIn Learning oder Skillshare.
Idealerweise erarbeitest du dir das Grundwissen bereits vor dem Start ins Vanlife, denn gerade am Anfang wirst du viel Zeit benötigen, um dich an das neue Leben im Van zu gewöhnen und dich zu organisieren. Nebenher noch eine neue Tätigkeit zu lernen kann dann sehr anstrengend werden.
Natürlich kann man ebenso »offline« von unterwegs aus Geld verdienen, auch hier bieten sich viele Chancen. Es hängt ganz davon ab, welche Talente und Interessen du mitbringst. Manche finanzieren sich ihr Leben im Van durch den Verkauf eigener Produkte (Kunsthandwerk, Schmuck …), als Handwerker oder Saisonarbeiter auf Bauernhöfen.

Arbeiten bei Regen, mit Meerblick …
Hauptsache draußen, Foto unten: Anja

ONLINEJOBS FINDEN

Das Internet macht's möglich – es gibt unzählige Portale, auf denen Selbstständige nach neuen Aufträgen suchen und ihre Leistungen anbieten und bewerben können.
Ein paar Beispiele sind

- allgemein: FreelancerMap, Upwork, Freelance.de, Twago oder DNXJobs,
- für Kreative: DasAuge, DesignerDock, 99designs, DesignenLassen oder Fiverr,
- für Textarbeiten: TextBroker oder Content.de.

Auch in diversen Facebook-Gruppen werden immer wieder Freelancer für die Mitarbeit an Projekten gesucht.
Am Anfang wirst du viel Zeit damit verbringen, neue Kunden zu gewinnen. Das solltest du finanziell einplanen, denn wahrscheinlich wird es eine Weile dauern, bis du von deinem neuen Job unterwegs im Van auch leben kannst. Hast du dir mit der Zeit ein gutes Netzwerk aufgebaut, werden neue Aufträge oftmals über Empfehlungen von anderen zu

dir gelangen. Das ist sowieso die beste Werbung für dich und senkt deinen Aufwand bei der Neukundenakquise.

Arbeiten am Laptop geht fast überall. Es braucht anfangs etwas Übung und Disziplin um sich nicht allzu sehr von den Verlockungen vor der Van-Tür ablenken zu lassen. Foto: Anja

WICHTIGE VORAUSSETZUNG: DER INTERNETZUGANG

Ein wichtiger Aspekt für das Arbeiten von unterwegs ist natürlich eine stabile Internetverbindung. Nur selten gehe ich in Restaurants oder Cafés, um dort das angebotene WLAN zu nutzen. Ich habe mir einfach einen kleinen mobilen WLAN-Router gekauft, der im Van installiert ist. Außerdem wird noch eine SIM-Karte benötigt mit ausreichend Datenvolumen, um online gehen zu können. Ich empfehle, eine Prepaid-Karte mit Datenvolumen im jeweiligen Reiseland zu kaufen. Das ist meist günstiger, als mit einem deut-

schen Mobilvertrag im Ausland zu surfen. Die Preise für Prepaid-Karten sind je nach Land sehr verschieden – ein paar Beispiele:

- In Portugal bekommst du für etwa 30 Euro im Monat unlimitierten Internetzugang (Anbieter: NOS).
- In Spanien kosten 28 GB derzeit 17 Euro (Anbieter: Simyo).
- In Frankreich gibt es 100 GB für 20 Euro (Anbieter: Free).
- In Griechenland bekommst du 30 GB für 25 Euro (Anbieter: WIND).

Ich arbeite sehr viel online und komme monatlich mit 20–30 GB gut zurecht. Die Beschränkung des Datenvolumens nervt manchmal, ist inzwischen für mich aber eine gute Kontrolle – ewig lang online Filme schauen geht eben nicht, dann lese ich lieber ein Buch oder gehe eine Runde vor die Tür. In vielen Regionen gibt es auch ein großes Angebot an kostenlosem WLAN, in Cafés und Restaurants zum Beispiel, in Bibliotheken oder auch Universitäten.

FINANZEN & STEUERN

Auch die Themen Finanzen und Steuern sind für Dauerreisende wie mich wichtig und manches ist ein bisschen kompliziert. Ich

gebe hier nur meine Erfahrungen wieder, die Informationen decken deshalb nicht alle Felder ab, die es beim Thema Selbstständigkeit von unterwegs zu berücksichtigen gibt.

Mein Set-up

Ich lebe im Van und bin weiterhin in Deutschland gemeldet, zahle also dort auch meine Steuern. Mein Steuerberater ist mit der Konstellation »fahrende digitale Nomadin« vertraut und streitet sich noch immer mit dem Finanzamt herum, ob mein Van nun als Firmenfahrzeug durchgehen darf oder nicht. Es bleibt spannend.

Der »Papierkram« ist bei mir größtenteils digitalisiert:

- ➠ Angebote, Rechnungen und Umsatzsteuer-Voranmeldung erledige ich über das Onlinetool von LexOffice.
- ➠ Mein Steuerberater ist Empfänger des Schriftverkehrs vom Finanzamt und leitet mir die Post im PDF-Format per E-Mail weiter.
- ➠ Briefe versenden funktioniert wunderbar über ePost, das Angebot der Deutschen Post.
- ➠ Post an meine Anschrift in Berlin wird automatisch an einen Scan-Service weitergeleitet (Dropscan); dort werden die Briefe eingescannt und ich kann sie als PDF herunterladen.
- ➠ Auch der Bankverkehr läuft komplett digital, keine Kontoauszüge, kein Besuch in der Filiale. Ich nutze das Geschäftskonto von HOLVI und bin damit sehr zufrieden bisher.

Mit diesem Set-up komme ich sehr gut zurecht und muss nur noch sehr selten zur Post, um einen »Papierbrief« zu versenden. Aber auch das ist ja kein Ding der Unmöglichkeit.

> **i**
>
> Wer sich ausführlich mit dem Thema beschäftigen möchte, dem empfehle ich unbedingt, sich bei Sebastian auf wirelesslife.de umzuschauen. Dort findest du alles, was du zum Thema Arbeiten unterwegs wissen musst, darunter auch Informationen zum Thema Finanzen und Steuern.

IST ARBEITEN UNTERWEGS NICHT ANSTRENGEND?

Klar, auch unterwegs ist das Arbeiten nicht immer einfach. Die Ablenkung ist oft groß, die Bedingungen sind nicht immer ideal. Zu warm, zu kalt, zu schön, zu laut … ein Grund, nicht zu arbeiten, findet sich unterwegs immer. Es bedarf einer gewissen Disziplin, sich beim Leben im Van auf die Arbeit zu konzentrieren. Vor allem, wenn das Meer vor der Tür verlockend rauscht. Und manchmal gehört auch ein bewusstes Neinsagen und Abgrenzen dazu, um die Arbeit erledigen zu können, zum Beispiel, wenn du mit anderen Leuten unterwegs bist oder andere Reisende triffst. Mittlerweile habe für mich ein gutes »Rezept« entwickelt; die Voraussetzung ist, dass ich mehrere Tage an einem Ort bleibe, an dem ich mich wohlfühle und meine Ruhe habe.
Denn an Fahr-Tagen bin ich anschließend viel zu müde, um noch konzentriert arbeiten zu können. Ich arbeite für maximal zwei Stunden konzentriert, dann mache ich eine Pause, um rauszugehen, mit dem Hund zu spielen, die Sonne zu genießen.
Anschließend geht es weiter mit der Arbeit. So bin ich viel konzentrierter und schaffe mehr, als wenn ich den ganzen Tag vor dem Rechner sitzen und versuchen würde, mich mit Kaffee wachzuhalten. Einen 9-to-5-Arbeitstag gibt es nicht bei mir. Ich arbeite, wenn ich Energie dafür habe. Das kann morgens um neun sein oder erst nachmittags um fünf. Solange meine Kunden zufrieden sind mit dem Ergebnis, ist es unerheblich, wann ich vor dem Rechner sitze. Und diese Flexibilität schätze ich sehr.

Arbeiten untwegs an Orten wie diesen – die einzige »Gefahr« hier besteht darin, sich von der schönen Natur ablenken zu lassen anstatt am Rechner zu sitzen. und produktiv zu sein.

Hund und Van – eine gute Idee?

Das erste Jahr Vanlife verbrachte ich allein – bis im September 2017 mein Hund Marko Polo zu mir kam, ein Straßenhund aus Albanien, wo ihn Freunde auf einem Campingplatz fanden auf der Suche nach Futter und Streicheleinheiten.

Bereits vor meinem Leben im Van wollte ich gern einen Hund. Allerdings hatten die Umstände es nie wirklich zugelassen – zu wenig Zeit, zu wenig Platz, zu viel auf Reisen … Unterwegs im Van dann wurde mir schnell klar: Genau jetzt ist der richtige Moment, um auf den Hund zu kommen. Ich bin viel in der Natur, arbeite von zu Hause, also dem Van, habe den Hund immer bei mir und er kann auf unseren Wandertouren so viele neue Gegenden erkunden und neue Bekanntschaften schließen – langweilig wird es ihm ganz sicher nicht.

Im Van braucht Marko nicht viel Platz. Die meiste Zeit des Tages verbringt er auf dem Beifahrersitz, schaut aus dem Fenster und schläft dabei ein … und nachts kuscheln wir uns manchmal zusammen unter die Bettdecke.

VANLIFE MIT HUND IST ANDERS

Seit Marko dabei ist, hat sich mein Reiseverhalten verändert. Anstatt in große Städte mit viel Trubel zu fahren, verbringe ich meine Zeit lieber in der Natur. Zwar lasse ich Städte nicht komplett außen vor, denn manche Orte möchte ich gern kennenlernen. Dennoch weiß ich, dass Marko am Sightseeing keinen großen Spaß hat, und so versuche ich es manchmal anders zu organisieren. Wenn es nicht allzu warm ist, lasse ich ihn für ein paar Stunden allein im Camper – Marko schläft dann die meiste Zeit oder schaut aus dem Fenster. Bei großer Hitze im Sommer geht das natürlich nicht, der Van heizt sich viel zu schnell auf. Inzwischen haben wir einen guten gemeinsamen Reise-Rhythmus gefunden. War ich anfangs noch schneller unterwegs und habe meine Stellplätze öfter gewechselt, bleibe ich jetzt lieber für längere Zeit an einem Ort. Marko wird so von Tag zu Tag entspannter und freut sich, mit dem Nachbarshund mal ein paar Tage länger spielen zu können. Hier kommt es natürlich auf den Charakter und die Gewohnheiten deines Hundes an. Manche sind gern unter Menschen, andere fürchten sich vor großen Menschenmengen. Um seinem Hund nicht unnötigen Stress zuzumuten, passt man die Reisegewohnheiten einfach ein bisschen an oder organisiert auch mal eine Hundebetreuung. Der nette Camping-Nachbar passt bestimmt ein paar Stunden auf den Hund (und den Camper) auf.

Marko ist zum Glück ein sehr entspannter Beifahrer und ich möchte ihn auch nicht mehr missen!

DAS SOLLTEST DU BEACHTEN BEIM LEBEN IM VAN MIT HUND

Um mit Hund verreisen zu können, müssen vorher ein paar Themen bedacht werden.

Mag der Hund überhaupt (längere) Autofahrten?
Wird der Hund im Auto schnell nervös, bellt er immerfort oder muss er sich sogar erbrechen, kann das Reisen schnell zur Qual werden. Spezielles Training hilft, dem Hund klarzumachen, dass Autofahren nicht gefährlich ist. Reiseübelkeit vermeidet man oft, indem man vor der Fahrt nichts füttert.
Marko ist zum Glück ein ganz entspannter Beifahrer. Sobald wir losfahren, setzt er sich auf seinen Platz, schaut noch ein wenig aus dem Fenster und schläft recht schnell ein. Angekommen am neuen Ort, kann er es kaum erwarten, vor die Tür zu kommen und die Gegend zu erkunden.

Sicherung im Camper
Wichtig ist, dass dein Hund einen sicheren Platz im Van während der Fahrt hat. Je nach Größe des Campers gibt es verschiedene Möglichkeiten: Eine Hundebox im Kofferraum oder unterm Tisch ist wohl die sicherste Art des Reisens für deinen Hund.
Bei mir passt leider keine Hundebox in den Van. Marko wird am Brustgeschirr an einen kurzen Sicherheitsgurt für Hunde angeschnallt und liegt dann meistens auf dem Beifahrersitz oder im Fußraum zwischen Fahrer- und Beifahrersitz. Das ist nicht unbedingt der sicherste Ort für einen Hund und ich empfehle es auch nicht weiter.

Reisebestimmungen im Zielland
Informiere dich vorab über die Bestimmungen für die Einreise von Hunden im Zielland. Hier gibt es auch innerhalb der Europäischen Union unterschiedliche Vorschriften. Besonders wenn es sich um einen sogenannten Listenhund handelt, also Hunde, die rechtlich als (potenziell) gefährlich eingestuft werden, ist mit vielen Einschränkungen zu rechnen. Informationen bieten meistens die Botschaften des jeweiligen Landes.

Wichtige Unterlagen & Impfungen
Der Heimtierausweis deines Hundes muss auf jeden Fall mit. Überprüfe, ob die vorhandenen Impfungen noch aktuell sind bzw. wann eine Nachimpfung ansteht.
Dies kann auch von Tierärzten im Ausland vorgenommen werden.

Hundefutter
In manchen Ländern kann es schwierig oder auch recht teuer werden, gutes Hundefutter zu kaufen. Auswahl und Qualität sind nicht

Als Beifahrer wirft mir Marko gern mal einen strengen Blick zu, wenn ich zu schnell in eine Kurve fahre … aber am Ende des Tages ist er doch ein glücklicher Vandog.

immer die besten. Benötigt dein Hund ein spezielles Futter? Dann solltest du dich vorab informieren, ob dies im Zielland überhaupt verfügbar ist. Gegebenenfalls kannst du das Futter online bestellen und dir zuschicken lassen. Das habe ich in Griechenland schon genutzt.

Lokale Bestimmungen für Hunde
In manchen Ländern sind Hunde in Restaurants nicht erwünscht. In der Hauptsaison herrscht an vielen Stränden Hundeverbot. Auch gibt es je nach Aufenthaltsort unterschiedliche Regelungen zur Maulkorbpflicht.

Mögliche Gefahren
Informiere dich über die Gefahren für Hunde im Reiseland. Besonders die sogenannten Mittelmeerkrankheiten sind – wie der Name schon sagt – in den südeuropäischen Ländern eine Gefahr. Es gibt aber guten Schutz davor, ein Tierarzt kann dich dahingehend beraten.
In Griechenland kommt zum Beispiel noch die Gefahr hinzu, dass hier oft Giftköder ausgelegt werden. Das Fressen eines solchen Köders kann zum schnellen Tod führen. Meine Vorsorge: Marko trägt auf Wanderungen einen Giftköderschutz – eine Art Maulkorb aus feinem Netz, damit er nichts vom Boden fressen, aber dennoch bequem atmen und trinken kann. Außerdem haben wir immer ein Gegengift (Atropin) und ein Brechmittel (Filtalon) dabei; das gibt es in der Apotheke. Ich hoffe jedoch, dass dies nie zum Einsatz kommen muss.

GUTE GRÜNDE FÜR VANLIFE MIT HUND

Es gibt so viele gute Gründe für ein Leben mit Hund. Jeder Hundebesitzer kann das sicher bestätigen.

Fit mit Hund
Die täglichen Gassirunden und Beschäftigungen mit dem Hund sorgen für viel Bewegung und Auslastung – für Hund und Mensch. Ein toller Nebeneffekt, der nur dann nervt, wenn es draußen in Strömen regnet und der Hund dennoch vor die Tür muss.

Neue Ecken erkunden
Unterwegs mit Hund wirst du viele neue Orte erkunden, die du ohne tierische Begleitung vermutlich nie gesehen hättest. Bleibe ich längere Zeit an einem Platz, erkunden wir ausgiebig die Umgebung und nehmen immer mal neue Wege auf uns, damit Gassirunden nicht langweilig werden.

Socializing
Seit Marko mit an Bord ist, bin ich viel aufgeschlossener unterwegs. Wir kommen schneller mit anderen Menschen in Kontakt – dabei ist ganz oft Marko derjenige, der quasi den ersten Schritt macht und auf die Leute zugeht. Allein würde ich die Menschen

Draußen sein in der Natur, neue Ecken entdecken oder einfach mal entspannt auf dem Campingstuhl liegen und es sich gut gehen lassen: Markos Alltag

meistens nicht ansprechen. Und so lernen wir beide miteinander und voneinander und genießen unsere gemeinsame Zeit.

Ein Kuscheltier

Marko ist das totale Kuschelmonster und in kalten Winternächten auch gern mal die lebende Wärmflasche im Bett. Er sucht oft Körperkontakt und Streicheleinheiten. Ich genieße das total und merke, wie gut es nicht nur meinem Hund tut, sondern auch mir. Dann kann ich wunderbar entspannen und einfach den Moment genießen.

HUNDESCHULE UNTERWEGS?

Marko ist mein erster Hund, den ich nach einem Jahr Leben im Van bei mir aufgenommen habe. Ich hatte keine Ahnung von Hunden und Marko lebte bis dahin auf der Straße und hatte ebenso wenig Ahnung von den Grundkommandos wie »Sitz«, »Platz« oder »Bleib«, geschweige denn von Themen wie Leinenführigkeit, Impulskontrolle und vielem mehr. In eine Hundeschule konnte ich nicht gehen, da wir uns gleich nach dem ersten Kennenlernen auf den Weg nach Spanien machten, um dort den Winter zu verbringen.
Also habe ich begonnen, mich online über Hundeerziehung zu informieren. Ich fand eine Vielzahl von Plattformen, die Onlinekurse zu den verschiedenen Themen der Hundeerziehung anbieten. Meine Favoriten sind dabei Ulrike Seumel, Dog it right (dogitright.de) sowie Hey-Fiffi (hey-fiffi.com); beide Seiten bieten sehr gute und leicht zu verstehende Kurse zum gewaltfreien Hundetraining auf Basis der neuesten verhaltenswissenschaftlichen Erkenntnisse. Mehr Informationen dazu findest du auch auf der Website
Trainieren statt dominieren (trainieren-statt-dominieren.de).
Ein Training vor Ort mit einem professionellen Hundetrainer hat natürlich den Vorteil, dass dir der Trainer beim Üben über die Schulter schauen und dir direkt Tipps zur Optimierung deiner Strategie geben kann. Dennoch finde ich die Möglichkeit des Onlinetrainings eine super Alternative für rastlose Menschen wie mich.

NACHTEILE MIT HUND GIBT ES NATÜRLICH AUCH

Keinen Tag mehr möchte ich ohne Marko sein. Er ist mein treuer Begleiter, mein Kuschelmonster, meine Möchtegern-Alarmanlage für den Van (wenn er nicht gerade schläft …), mein Kumpel, der mich jeden Tag zum Lachen bringt, mich im Geduldüben trainiert und

Unterwegs mit Hund wird's definitiv nie langweilig. Marko ist immer und überall dabei. Das ist manchmal anstrengend, aber auch das gehört dazu.

dafür sorgt, dass wir jeden Tag etwas Schönes zusammen unternehmen. Und dennoch solltest du dich darauf einstellen, dass ein Hund manchmal auch Einschränkungen mit sich bringt.

Hunde verboten
Nicht überall sind Hunde erlaubt, zum Beispiel in Restaurants, Geschäften, Museen oder an Stränden oder Badeseen – hierzu gibt es in jedem Land andere Regelungen, manchmal sind diese auch von Region zu Region verschieden. Dann heißt es: Alternativen suchen. Das kann manchmal nerven, bestenfalls findest du dadurch aber noch schönere Gegenden, die du sonst übersehen hättest. Ich wurde in Nordspanien zum Beispiel mal von einem Strand weggeschickt, weil dort im Sommer keine Hunde erlaubt sind. Das bekam einer der Besucher mit und gab mir einen Tipp, wie ich nur ein paar Hundert Meter weiter an den nächsten Strand gelange, wo das Hundeverbot nicht gilt.

Allein bleiben ist doof
Ich glaube, kein Hund ist gern für längere Zeit allein. Marko ist zwar sehr entspannt und ich kann ihn auch mal für ein paar Stunden allein im Camper lassen – meistens schläft er dann. Dennoch habe ich dabei immer ein schlechtes Gewissen und beeile mich, um schneller wieder am Van zu sein.
Kürzlich hatte ich die Gelegenheit, eine Hundekamera zu testen. Das ist eine Überwachungskamera für Hunde, die es ermöglicht, per Videostream zu sehen, was der Vierbeiner im Van gerade anstellt. Eine eingebaute Leckerli-Wurfeinrichtung kann vom Handy aus aktiviert werden – ein Spaß für den Hund und ein wenig Beruhigung für den Hundebesitzer.

Was tun bei Krankheit?
Wird der Hund krank oder stößt ihm etwas zu – ob Entzündung, Unfall, Vergiftung o. Ä. –, dann heißt es schnell sein und einen Tierarzt in der Nähe finden. Empfehlenswert ist es, bereits nach Ankunft an einem neuen Ort, an dem man ein paar Tage bleiben möchte, zu recherchieren, wo der nächste Tierarzt zu finden ist, und die Telefonnummer sowie die Adresse zu notieren. Im Notfall kann das Leben retten.
Aber was passiert mit dem Hund, wenn du mal krank wirst? Das ist eine weitere Sorge, die vermutlich jede Alleinreisende in Hundebegleitung mit sich herumträgt. Komme ich etwa für ein paar Tage ins Krankenhaus, muss für eine Hundebetreuung gesorgt werden. Wie gut das in den verschiedenen Ländern funktioniert, kann ich nicht beurteilen, da wir so eine Situation zum Glück noch nicht mitmachen mussten.

Marko unterwegs mit seiner besten Freundin Merle – ein verrücktes Team

Wetter
Egal ob Sonnenschein oder Schneesturm – irgendwann musst du mit deinem Hund vor die Tür, wenigstens zweimal am Tag. Den meisten Hunden macht Mistwetter nicht viel aus; da hilft dir nur die richtige Kleidung und die Hoffnung, dass es bald wieder besser wird. Nach einer verregneten Gassirunde kommt die Herausforderung hinzu, den Hund halbwegs trocken zu bekommen und nicht den ganzen Van einzusauen. Ich lege vor dem Rausgehen bereits ein Handtuch auf den Boden am Eingang, sodass Marko beim Reinhüpfen mit seinen nassen Pfoten auf dem Handtuch landet. Dort wartet er brav, damit ich ihn trockenrubbeln kann.
Die Folgen: ein halb trockener Hund und dreckige, nasse Handtücher.

Unten: Findelhund (Markos) aus Griechenland konnten wir zum Glück erfolgreich nach Deutschland vermitteln.

STRASSENHUNDE

Einen Hinweis zum Thema Straßenhunde möchte ich gern loswerden: In vielen Ländern werden dir leider sehr viele Streuner begegnen, Hunde die entweder ausgesetzt wurden oder schon immer ihr Leben auf der Straße verbrachten. Meine Erfahrung bisher hat gezeigt, dass die meisten eher scheu und friedlich sind. Wenn sie mich mit meinem Hund sehen, machen sie eher einen Bogen um uns. Angegriffen oder bedroht wurden wir noch nie. Dennoch ist Vorsicht geboten, vor allem, wenn die Streuner im Rudel auftreten. Vielen Menschen passiert es, dass ihnen unterwegs ein Hund zuläuft, einer von den vielen Straßenhunden, die sich ihre neuen Besitzer selbst aussuchen – und schwups, wird er zum neuen Familienmitglied. Möchtest du einen solchen Hund bei dir aufnehmen, solltest du zunächst überprüfen, ob es sich wirklich um ein herrenloses Tier handelt, und ihn dann vorab von einem Tierarzt untersuchen lassen. Viele der Streuner sind krank, weil sie entweder nicht geimpft sind oder Verletzungen mit sich herumtragen, die nie behandelt wurden. Der Tierarzt übernimmt dann die Erstellung des Heimtierausweises und holt die fehlenden Impfungen nach.

Vanlife sucks … sometimes. Die Realität abseits von Instagram

Das Leben im Campervan – was für ein großes Abenteuer! Ständig perfekte Sonnenuntergänge, ideales Vanlife-Wetter zum Draußen-Frühstücken, Surfen, Schwimmen, Wandern, Klettern … Am Abend dann den Sonnenuntergang bei einem kalten Bierchen genießen und zwischendrin mal ein bisschen arbeiten. So ungefähr sieht das Leben im Campervan aus, glaubt man den schönen Bildern bei Instagram & Co.
Die Realität des Vanlifes kann jedoch ebenso anstrengend, nervenaufreibend oder gar langweilig sein wie das ganz »normale« Leben. Es gibt Momente, in denen dieses mobile Leben richtig nerven kann – ein paar Beispiele gefällig?

MISTWETTER UND SEINE FOLGEN

Unterwegs im Van bin ich Wind und Wetter ausgesetzt. Bei Regen kann man sich wunderbar im Van verkriechen und das Wetter einfach aussitzen. Aber nach ein paar Tagen Dauerregen lässt die Geduld irgendwann nach.
Bei schlechtem Wetter kann ich wunderbar konzentriert arbeiten, was mir bei schönem Wetter nur schwer gelingt. Da würde ich viel lieber den Tag draußen verbringen. Der Haken am vielen Arbeiten bei schlechtem Wetter: Falls ich nicht gerade auf einem Campingplatz mit Stromanschluss stehe (was ich sehr selten tue), geht irgendwann der Strom aus. Dann heißt es entweder losfahren und ein paar Kilometer unterwegs sein, damit sich die Batterien wieder aufladen, oder auf einen Camping- oder Stellplatz fahren zum Stromtanken.
Für Hundebesitzer gibt es eh kein schlechtes Wetter, schließlich muss der Hund regelmäßig vor die Tür. Das führt dazu, dass irgendwann der Camper auch von innen ziemlich verdreckt, nasse und schmutzige Handtücher kommen dazu.
Die Lösung: optimistisch bleiben, auf schönes Wetter hoffen oder dem schlechten Wetter einfach davonfahren.

HÄSSLICHE ORTE

Ja, auch das gibt's. Du fährst voller schöner Erwartungen an einen neuen Ort, den du dir zuvor ausgesucht hast und malst dir auf dem Weg dorthin bereits aus, wie toll es sein wird, an dem noch unbekannten Ort eine schöne Zeit zu verbringen … und dann kommst du an und die Realität sieht ganz anders aus. Manchmal passt es halt einfach nicht. Ein verdreckter Stellplatz, ein Party-Parkplatz des Nachbardorfs, ein Atomkraftwerk am Horizont … Wer sich das nicht antun möchte, packt lieber wieder zusammen und zieht weiter.

Regen, Matsch und schlechte Laune. Nicht jeder Tag unterwegs ist perfekt.

EURO
CARAVANING

In solchen Momenten wünsche ich mir manchmal dieses stete Leben in einer festen Bleibe zurück, welches einen nicht jeden Tag mit etwas Neuem überrascht. Aber der Gedanke verfliegt spätestens dann, wenn ich mit meinem rollenden Zuhause einen neuen schönen Platz zum Verweilen gefunden habe.

FESTGEFAHRENE SITUATIONEN

Irgendwann passiert es vermutlich jedem mal, so auch mir: In Portugal am Strand parkte ich meinen Van neben einem Pkw und merkte gleich, wie der Boden sehr verdächtig nachgab. Und schon hatte ich mich im Sand festgefahren, weil ich das Gewicht des Campers einfach unterschätzt habe. Zum Glück wurde mir schnell geholfen – der Pkw nebenan war ein Geländewagen mit Seilwinde, der meinen Campervan recht schnell wieder aus dem Sand befreien konnte.

Nach langen Regentagen sollte man keine matschigen Waldwege entlangfahren – auch diese Erfahrung musste ich erst selbst machen. Unterwegs auf dem Peloponnes in Griechenland suchte ich mir für eine Übernachtung einen schönen Platz auf einem Hügel aus, mit Meerblick und viel Natur. Der Weg dorthin sah gar nicht so schwierig aus, aber nach tagelangem Regen war der Boden so aufgeweicht, dass bei einer kleinen Steigung die Räder einfach durchdrehten und sich im Schlamm eingruben. Es regnete noch immer in Strömen und ich war froh, dass in dem zur Winterzeit geschlossenen Hotel in der Nähe an diesem Tag ein paar Männer arbeiteten. Die erste Diagnose des Hotelbesitzers: Da muss der Traktor vom Nachbarn ran. Der kommt aber erst morgen, also bleib einfach so stehen mit dem Van und komm morgen zum Frühstück vorbei. Gesagt, getan. Nach einem leckeren Frühstück fuhr dann der Nachbar mit seinem Traktor vor und befreite mich aus dem Schlamassel.

Die große Kunst ist es, in solchen Situationen ruhig zu bleiben und zu überlegen, welche Optionen es gibt. Manch einer hat vielleicht Sandbleche an Bord, mit denen man den Van wieder aus Sand oder Schlamm bekommt. Wenn keine Hilfe in Reichweite ist, empfiehlt sich zumindest in Europa ein Anruf beim Automobilclub – eine Mitgliedschaft lohnt sich auf jeden Fall.

Mein Fazit aus diesen zwei Missgeschicken: Meist ist es nur halb so wild und zum Glück gibt es viele nette und hilfsbereite Menschen überall auf der Welt. Dennoch hoffe ich, dass ich von weiteren Situationen dieser Art verschont bleibe.

AUTO DEFEKT

Irgendwas geht immer kaputt, auch am Campervan. Bisher hatte ich mit meinem Zuhause noch keine großen technischen Pannen, nur selbst verschuldete Beulen und Kratzer zieren

Auch das kann passieren: Festfahren im Schlamm.
Zum Glück war Hilfe schnell zur Stelle.

die Hülle des Kastens. Das kann sich aber natürlich jederzeit ändern. Ich hoffe immer, dass mein rollendes Zuhause mich noch so lange wie möglich pannenfrei durch die Welt kutschiert. Und wenn doch mal etwas defekt sein sollte, hoffe ich wieder auf hilfsbereite Menschen in meiner Nähe. Solange man nicht komplett abgeschnitten von der Zivilisation einsam in der Wüste steht und ohne Handyempfang und Kontakt zu anderen Menschen ist, gibt es immer eine Lösung. Ruhig bleiben und tief durchatmen hilft für den Anfang, der Rest findet sich.

WO BIN ICH? VERFAHRENE SITUATIONEN

Auch das gibt's: Trotz Navigationssystem stehe ich in einer Sackgasse, komme nicht weiter und werde schließlich von einigen netten Bewohnern des kleinen Bergdorfes in Portugal aus der misslichen Lage manövriert.
Schon mehrfach musste ich einsehen, dass ich mich nicht blind auf die Aussagen des Navigationsgerätes verlassen kann. Denn manchmal ist die angebliche Straße nur ein schmaler Feldweg oder ich werde in einem kleinen Ort mitten durch die Fußgängerzone gelotst, ein andermal stehe ich plötzlich vor einer kleinen Brücke, die mein dicker Campervan nicht passieren kann.
Inzwischen habe ich mir angewöhnt, vorher genau darauf zu schauen, welche Strecke sich das Navi für mich überlegt hat. Es gibt auch spezielle Navigationsgeräte für Wohnmobile, bei denen die Größe des Fahrzeugs angegeben werden kann, die dann bei der Routenplanung berücksichtigt wird. Doch auch dann lohnt sich ein vorausschauendes Fahren und bei Zweifeln an einer Abbiegung würde ich lieber erst mal aussteigen und nachsehen, ob der Weg denn wirklich befahrbar ist.

EINBRUCH/DIEBSTAHL

Für mich das Schlimmste, was mir unterwegs passieren könnte: ein Einbruch oder gar der Diebstahl des Campervans – zum Glück bisher noch nicht geschehen. Ich bin oft unterwegs, gehe viel wandern oder spazieren mit meinem Hund. Dann kommt es vor, dass der Van tagsüber für einige Stunden irgendwo steht. Mit diversen Sicherungssystemen kann man für eine gewisse Absicherung sorgen, aber einen absoluten Schutz bieten auch diese nicht. Ein bisschen Sorge schwingt deshalb immer mit, wenn ich zu Fuß unterwegs bin. Noch schlimmer als ein Einbruch wäre für mich, wenn der Camper gestohlen würde. Was dann? Mein Zuhause wäre weg und damit alles, was ich besitze. Die materiellen Dinge im Van sind mir gar nicht so wichtig, aber was mache ich ohne Auto? Das wäre fatal und ich möchte mir das Szenario lieber nicht vorstellen! Ein Lenkradschloss bringe ich vor dem Verlassen des Campers immer an, aber ob das die Diebe wirklich abhält?

Unterwegs etwas planlos im Norden Portugals, da kann's schon mal passieren, dass man aus Versehen in Spanien landet.

EURO
CARAVANING
P

Wenn nach dem Lesen meiner Erfahrungen, Tipps und Tricks noch immer Fragen offengeblieben sind, findest du vielleicht hier die passenden Antworten.

WO FINDE ICH NOCH MEHR INFOS ZUM THEMA VANLIFE?

Da die meisten Informationen digital zur Verfügung stehen, habe ich als Zusatz zu diesem Buch auf der Webseite vangirls.de eine ganze Menge hilfreicher Links zum Thema Vanlife zusammengestellt. Dort kannst du eintauchen in die unendlichen Weiten des Vanlifes – Kontakte knüpfen, Informationen austauschen, Inspiration finden. Und wenn du eine Frage hast, kannst du mich auch gern direkt kontaktieren unter mandy@vangirls.de.

VERMISST DU MANCHMAL DEINE HEIMAT, FAMILIE UND FREUNDE?

Heimat ist für mich kein geografischer Ort, sondern viele Orte, wo ich Familie und Freunde habe und wo ich mich einfach wohlfühle. Dank Skype, Facebook & Co. sind Entfernungen leicht zu überbrücken. Das Gute am Leben im Campervan: Ich kann jederzeit dorthin fahren, wo ich gern sein möchte. Wenn ich also meine Familie oder Freunde in Deutschland vermisse, fahre ich einfach hin.

Unterwegs beim Wandern in Griechenland. Meine Höhenangst versuche ich durch nervöses Lachen zu überspielen …

WAS NERVT UNTERWEGS?

Es gibt nur noch wenige Dinge, die mich unterwegs nerven oder aufregen – abgesehen von Mücken und den kleinen Marotten meines Hundes. Was mich aber richtig ärgert, ist der viele Müll und die Unachtsamkeit der Menschen in vielen Ländern. An wunderschönen Stränden, wo fast überall Mülltonnen bereitstehen, fliegt der Müll am Strand und in den Dünen herum. Ab und an nehme ich mir dann eine Tüte und gehe Müll sammeln, einfach, um meinen aktuellen »Vorgarten« etwas aufzuräumen und um zu zeigen, wie schön es wäre, wenn jeder ein bisschen auf die Umwelt achten würde.
Manchmal nervt es mich, wenn das Wasser oder der Strom zuneige gehen und ich eigentlich gerade an einem wunderschönen Ort stehe und nicht wegfahren möchte. Das sind aber nur die kleinen Luxusproblemchen im Vanlife, die ab und an aufkommen.
Anstrengend wird es manchmal im Straßenverkehr, das ist ganz verschieden von Land zu Land. In Griechenland geht es sehr entspannt zu, es herrscht eh recht wenig Verkehr. Ganz anders in Italien, dort war ich wirklich schnell genervt von den anderen Verkehrsteilnehmern. Ich versuche, mich nicht aus der Ruhe bringen zu lassen, aber das fiel mir in Italien

wirklich schwer. In Deutschland bin ich ebenso ungern auf den Straßen unterwegs. Dort hat es jeder eilig, alles muss schnell gehen, an der Ampel am besten schon bei Gelb losfahren … das ist lästig.

WIRD DAS ANDAUERNDE REISEN NICHT IRGENDWANN ANSTRENGEND?

Viele Vanlifer berichten, dass sie nach einer längeren Zeit des Unterwegsseins die neuen Eindrücke nicht mehr richtig genießen können, eine Art der Übersättigung tritt ein. Auch ich hatte so einen Moment ganz am Anfang, als ich im Sommer drei Monate lang durch Skandinavien gereist bin – von Schweden über Finnland hoch ans Nordkap und durch Norwegen wieder zurück. Fast jeden Tag war ich auf der Straße, immer neue Orte, immer neue Eindrücke. Das ist tatsächlich anstrengend mit der Zeit und irgendwann ist ein schöner Fjord einfach nur noch einer von vielen schönen Fjorden. Ich hatte keine Energie mehr, die Orte zu genießen oder überhaupt zu erkunden.
Die Lösung? Jetzt reise ich viel langsamer und achte darauf, dass ich mich wohlfühle und Lust auf neue Erkundungen habe. In Phasen, in denen ich nicht am Reisen interessiert bin, bleibe ich einfach länger an einem schönen Ort. Vanlife heißt ja nicht, dass man ständig unterwegs sein muss – das musste ich selbst auch erst einmal lernen.

IST ES NICHT LANGWEILIG, STÄNDIG URLAUB ZU MACHEN?

Der Eindruck, dass ich ständig Urlaub mache, täuscht. Ich arbeite fast jeden Tag, wenn auch längst nicht mehr so viel wie vor meinem Umzug in den Van. Die Freizeit, welche mir viel wichtiger ist und die ich die meiste Zeit zusammen mit meinem Hund Marko verbringe, ist einfach viel zu spannend und abwechslungsreich, als dass es langweilig werden könnte. Doch selbst wenn ich nicht arbeiten würde und »einfach nur reise«, kann ich mir nicht vorstellen, dass diese Lebensform langweilig wird. Letztendlich liegt es an einem selbst, was man mit seiner Lebenszeit anfängt.
Natürlich gibt es auch Momente der Langeweile, die genieße ich aber ganz bewusst, denn genau solche Augenblicke geben mir Kraft. Ich nutze die Ruhe, um Eindrücke zu reflektieren und neue Pläne zu schmieden. Also, ein Hoch auf die Langeweile!

WAS GÖNNST DU DIR UNTERWEGS?

Am meisten gönne ich mir Zeit. Zeit für mich selbst, Zeit mit meinem Hund und einfach Zeit für die schönen Dinge im Leben. Ganz bewusst den Moment genießen, in mich gehen und Eindrücke reflektieren. All das habe ich vor meinem Leben im Van gar nicht wahrge-

Marko, mein treuer und haariger Begleiter, sorgt immer für Action, lustige Momente und auch für den Dreck im Van …

VANTOURER

nommen oder praktiziert, damals habe ich einfach nur »funktioniert«. Ansonsten gönne ich mir ab und an mal eine gute Flasche Rotwein. Viel mehr Luxus brauche ich nicht.

WÜRDEST DU RÜCKBLICKEND ETWAS ANDERS MACHEN?

Das Einzige, was ich anders machen würde: schon viel früher losfahren!

WIE VERTREIBST DU DIR DIE ZEIT BEIM FAHREN?

Wenn ich längere Strecken fahre, höre ich selten Musik, obwohl ich ein großer Musikfan bin. Oft ist es während der Fahrt ganz ruhig und ich genieße einfach die Aussicht und lasse meine Gedanken schweifen. Manchmal tingelt aber das Radio im Hintergrund und gibt mir ein paar Soundschnipsel lokaler Musikrichtungen und der Sprache mit auf den Weg. Und ich höre Podcasts oder Dokumentationen, also Informationssendungen zu Themen, die mich interessieren. Hörbücher oder Krimis kann ich beim Autofahren nicht hören – denn dabei ist es mir schon manchmal passiert, dass ich so vertieft in die Geschichte des Hörbuches war, dass ich für kurze Zeit vergaß, mich auf den Straßenverkehr zu konzentrieren.

NIMMST DU ANHALTER MIT?

Bisher habe ich erst einmal Anhalter mitgenommen, ganz am Anfang meiner Reise im Van in Norwegen – ein älteres Ehepaar aus Kanada stand am Straßenrand auf der Suche nach einer Mitfahrgelegenheit. Schnell kamen wir ins Gespräch und sie erzählten mir, dass sie schon ihr ganzes Leben lang Abenteuerreisen zu Fuß unternehmen, also immer durch die verschiedensten Länder wandern. Ich habe sie ein Stück mitgenommen, in den nächsten Ort, und unsere Begegnung endete damit, dass beide anfingen darüber nachzudenken, sich vielleicht auch einen Campervan zu kaufen. Leider haben wir keinen Kontakt und ich weiß nicht, ob sie die Idee umgesetzt haben.
Diese Begegnung fand ich wunderbar angenehm und es war schön, anderen Reisenden zu helfen und gleichzeitig spannende Geschichten zu hören. Ich würde gern öfter Anhalter mitnehmen, aber so viele sehe ich unterwegs gar nicht. Vermutlich, weil ich kaum in großen Städten oder auf Autobahnen unterwegs bin.

IST ES NICHT SCHWIERIG, UNTERWEGS VEGAN ZU ESSEN?

Da ich die meiste Zeit selbst koche oder mit Freunden gemeinsam – nein, vegan essen ist

Unterwegs in den Bergen Spaniens findet man sogar im Sommer noch Schnee … Langweilig wird es unterwegs fast nie. Die Natur bietet genug Möglichkeiten für Action.

für mich kein Problem, ganz im Gegenteil: Frisches Obst und Gemüse bekommt man überall. Vegane Fertigprodukte sind zwar nicht überall verfügbar, aber auch nicht notwendig. Inzwischen mache ich viele Sachen selbst, wie Hafermilch oder diverse Brotaufstriche. Gehe ich in ein Restaurant, wird die Angelegenheit je nach Land schon komplizierter. Aber es findet sich immer etwas Passendes – Pommes und Salat tun's im Notfall auch, solange der Wein dazu gut schmeckt. Weil mich dieses Thema beim Reisen immer beschäftigt und auch viele andere Veganer nach Informationen und Tipps zum Vegan-Reisen suchen, habe ich kurzerhand gemeinsam mit meiner veganen Vanlife-Kollegin Nima Ashoff ein neues Projekt ins Leben gerufen: »Vegan auf Reisen« (veganaufreisen.de) – das Reiseportal mit vielen Informationen und Reisetipps für Veganer. Von Unterkünften über Workshops bis hin zu Aktiv- und Entspannungsreisen stellen wir ausgesuchte Anbieter vor, die sich ganz besonders auf die Zielgruppe der Veganer fokussieren. Außerdem geben wir wertvolle Tipps rund um das Reisen in verschiedenen Ländern – Übersetzungshilfen, Einkaufstipps für den Supermarkt, Bücher und vieles mehr.

Vegan essen unterwegs ist gar nicht so schwierig. In Griechenland gibt es sehr viele vegane Optionen, wenn man nach »nistisimo« fragt.
Folgende Doppelseite: Atemberaubende Naturmomente

Frauen allein unterwegs

ERFAHRUNGEN & INTERVIEWS

Ja, es gibt sie wirklich – Frauen, die ganz allein in ihrem Campervan leben und die Welt bereisen. Die verschiedensten Lebensentwürfe treffen auf einen gemeinsamen Nenner: Wir alle genießen das Leben der mobilen Freiheit in unserer fahrbaren Wohnung. In diesem Kapitel berichten 16 Frauen über ihre Eindrücke und Erfahrungen unterwegs im Van, über Hürden, die sie gemeistert haben, über seltsame und lustige Momente und Begegnungen unterwegs, und sie verraten ihre Tipps für alle, die ebenfalls ihr Leben im Campervan starten möchten.

Die Welt bereisen ganz alleine? Ich genieße das Reisen und Erkunden neuer Länder und Regionen sehr bewusst, wenn ich alleine unterwegs bin.

Anita

> *Auch für einen selbst ist es toll, diese Erfahrung zu machen, auf ein Minimum reduziert zu sein. Man lernt die wichtigen Dinge im Leben wieder zu schätzen.*

Anita (39) aus Steffisburg in der Schweiz lebt seit Dezember 2018 gemeinsam mit ihrem Kind im Campervan, einem fertig ausgebauten Fiat Ducato von 2011 namens Daisy. Anfangs waren sie in Deutschland und der Schweiz unterwegs, da noch eine Menge Papierkram zu erledigen war. Danach ging es in den Süden bis nach Portugal, und mit steigenden Temperaturen dann immer weiter nördlich.

Beruflich ist Anita bereits gut aufgestellt: Sie arbeitet im Network-Marketing, ist Tierheilpraktikerin und Masseurin.

Während ihrer Reise hat Anita viele Leute kennengelernt, die ihren Kastenwagen in Eigenregie ausgebaut haben. Sie selbst hatte zu Beginn zu viel Respekt davor – das bereut sie mittlerweile ein wenig und überlegt bereits, ob sie sich doch mal an ein eigenes Ausbauprojekt wagen soll.

MANDY: Aber bevor du einen neuen Van ausbaust, noch mal zurück zum Anfang: Wie kamst du denn auf die Idee, im Campervan zu leben?

ANITA: *Die Idee hatte ich schon länger. Es ist als alleinerziehende Mami einfach sehr anstrengend, wenn man ganz allein ist. Also wenn weder ein Papa da ist noch Familie. Irgendwann wurde mir klar, dass ich, wenn ich sowieso ganz allein für alles verantwortlich bin, doch wenigstens das Leben führen kann, das ich möchte.*

MANDY: Du bist seit ein paar Monaten unterwegs – wie ist das Leben im Van für dich? Welche Unterschiede zu vorher hast du festgestellt?

ANITA: *Das Leben ist eigentlich nicht anders als mit einem festen Wohnsitz. Ich versuche, einige Routinen beizubehalten mit dem Kleinen, aber wir waren schon zuvor sehr viel unterwegs und recht flexibel. Ein Nachteil ist vielleicht, dass du sofort aus der Bahn geworfen wirst, wenn mal was mit deinem »Auto« ist. Das mussten wir schon am eigenen Leib erleben. Wir hatten einen Unfall, da wir einem Auto ausweichen mussten. Das gab eine böse Delle in die Seite. Uns ist nichts passiert, aber der Blechschaden war enorm. Unser Camper stand für eine gute Woche in der Werkstatt und wir mussten schauen, wo wir unterkamen.*

Ansonsten sehe ich nur Vorteile, vor allem mit einem Kleinkind. Es erlaubt dem Kind, völlig frei aufzuwachsen, es bekommt ein ganz

Anita lebt ihren Traum – gemeinsam mit ihrem Kind reist sie im Fiat Ducato durch Europa.

LESA Autotechnik AADORF

anderes Verständnis zur Natur. Auch für einen selbst ist es toll, diese Erfahrung zu machen, auf ein Minimum reduziert zu sein. Man lernt die wichtigen Dinge im Leben wieder zu schätzen.

MANDY: Das kann ich bestätigen – die Beschränkung auf das Notwendige zeigt, wie einfach das Leben sein kann und wie wenig es eigentlich bedarf. Ich hoffe, deine Reise läuft weiterhin so positiv und bereichernd wie bisher. Gibt es Dinge, die dich unterwegs mal nerven?

ANITA: *Es ist manchmal ein wenig anstrengend, weil ältere Herren ab und an das Gefühl haben, sie müssten einen »retten«. Eine Frau allein im Camper kann ja nur lost und hilfsbedürftig sein. Sie kommen gar nicht auf die Idee, dass dieses Leben völlig okay und frei gewählt ist.*

MANDY: Jetzt bist du schon eine Weile unterwegs. Was würdest du inzwischen an deinem Van verändern?

ANITA: *Einiges. Zum Beispiel würde ich gern den Wasserboiler über Solar laufen lassen, das Radio über die hintere Batterie und so weiter. Auch die Aufteilung unserer Daisy ist nicht optimal für Mama mit Kind – wenn ich die Möglichkeit hätte, würde ich mir einen Camper selbst ausbauen.*

Zum Schluss hat Anita noch einen Tipp für alle, die allein im Van losziehen wollen: »Just do it! Es braucht ein wenig Mut, um den ersten Schritt in dieses Leben zu machen, aber ich hab es noch nicht bereut. Es war und ist eine großartige Entscheidung. Wichtig ist einfach, dass man sich nicht zu viel Druck macht, egal in welche Richtung. Wenn man den ersten Schritt getan und die Entscheidung getroffen hat, fügt sich eins zum anderen …«

Anja

»Ich genieße es sehr und mir fällt in meinem mobilen Zuhause viel weniger die Decke auf den Kopf als zuletzt in meiner Wohnung in Dresden.

Anja (39) aus Dresden lebt seit Anfang 2017 in ihrem Campervan und arbeitet als freiberufliche Übersetzerin, was auch von unterwegs aus wunderbar funktioniert. Nach einer kurzen Zeit im alten Alkoven-Wohnmobil zog sie in einen kompakten Citroën Berlingo mit Dachzelt.

MANDY: Wie kamst du denn auf die Idee, in einen Campervan zu ziehen?

ANJA: *Im Spätsommer 2016 bin ich ein paar Wochen mit dem Rucksack durch Spanien, Portugal und Deutschland gereist. Als ich in Tarifa war, brodelte auf einmal dieser Gedanke in mir, im eigenen Camper zu reisen, und ließ mich einfach nicht mehr los. Mich nervte es ein wenig, von der ganzen Infrastruktur, öffentlichen Verkehrsmitteln und nicht immer ruhigen oder schön gelegenen Unterkünften abhängig zu sein.*

MANDY: Gab es einen speziellen Moment, in dem du diese Entscheidung getroffen hast?

ANJA: *Ich lernte in Spanien die Niederländerin Ellen kennen, die damals mit ihrem VW-Bus unterwegs war und schon einige Zeit darin lebte und arbeitete. Nach einem Gespräch mit ihr stand mein Entschluss endgültig fest: Wohnung kündigen, Wohnmobil kaufen, ausziehen und los!*

MANDY: Wie lange hat es dann gedauert bis zum Start ins Vanlife?

ANJA: *Fünf Monate später, im Februar 2017, war es dann so weit. Meine Wohnung war aufgelöst, meine Familie irgendwie auch. Aber meine Familie kennt mich und nach einigen Erklärungen und Bestätigungen, dass ich wirklich von einer Wohnung in ein rollendes Zuhause mit Büro umziehe, brachten sie mir viel Unterstützung entgegen, wofür ich sehr dankbar bin. Bei meiner Oma durfte ich in der Gartenlaube ein paar Kartons unterstellen, bei meiner Mama meine Ordner, die noch nicht digitalisiert waren, und mein Papa reist virtuell so oft es geht mit mir mit.*
Erst mit der Zeit und als ich bereits unterwegs war, habe ich verstanden, wie wichtig es ist, Familie und Freunde nicht einfach nur vor eine Tatsache zu stellen, sondern ihnen den Hintergrund für diesen Schritt zu erklären und dass dieser zwar nicht endgültig sein muss, aber ich mir auch mit einem WG-Zimmer o. Ä. nichts offenhalten möchte. Andererseits bin ich auch nicht über extrem lange Zeiträume weg, sondern verbringe in Dresden immer

Anja ist vom großen Wohnmobil in einen Pkw mit Dachzelt umgezogen. Weniger ist mehr!

wieder intensiv Zeit mit der Familie – schon allein, um meine Nichte und meinen Neffen aufwachsen zu sehen – und mit Freunden.

MANDY: Das ist super zu wissen, dass Freunde und Familie hinter einem stehen und die Entscheidung unterstützen. Mit welchem Gefährt bist du dann losgefahren?

ANJA: *Ich war zunächst mit einem 30 Jahre alten Wohnmobil unterwegs, habe mich im Juli 2018 etwas verkleinert und ziehe jetzt mit einem Citroën Berlingo durch die Lande. Bisher habe ich diesen Wechsel nicht bereut, sondern fühle mich noch befreiter, glücklicher und unabhängiger.*

MANDY: Fühlst du dich wohl allein in deinem Camper oder vermisst du Freunde und Familie unterwegs sehr?

ANJA: *Ich genieße es sehr und mir fällt in meinem mobilen Zuhause viel weniger die Decke auf den Kopf als zuletzt in meiner Wohnung in Dresden. Praktisch noch nie seit Februar 2017, da ich in dieser Zeit so unglaublich viel erlebt habe und so viele wunderbare Menschen kennenlernen durfte. Zeit mit mir selbst verbringen kann ich hervorragend, ich kenne das auch fast gar nicht anders. Und wenn ich Gesellschaft möchte, suche ich mir diese bei Familie, Freunden und auch auf den verschiedensten Campertreffen.*

MANDY: Siehst du für dich Vor- oder Nachteile, die das Nomadenleben im Camper mit sich bringt?

ANJA: *Ich kann bzw. muss jeden Tag allein entscheiden, wohin mich mein weiterer Weg führt. Ich kann – oder muss – selbst fahren. Ich kann/muss allein kochen, essen gehen, aufräumen etc. Ich kann (oft nicht)/muss Dinge am Wohnmobil/Auto reparieren. Ich kann/»muss« allein die wunderbare Landschaft um mich herum genießen.*
Letztlich genieße ich die Zeit mit mir selbst in vollen Zügen, vermisse natürlich auch Zweisamkeit, das will ich gar nicht bestreiten. Umso intensiver ist dann wieder die gemeinsame Zeit mit alten und neuen Freunden und mit meiner Familie.

MANDY: Sehr schön zusammengefasst, das kann ich nur bestätigen! Gab es auch Momente, in denen du dich mal unwohl gefühlt hast allein unterwegs?

ANJA: *Keine wirklich schlechten, eher skurrile. Ein Beispiel: Im Mai 2018 fuhr ich von Spanien nach Deutschland, legte in kurzer Zeit viele Kilometer zurück und suchte mir einmal erst in der Nacht irgendwo auf einem Parkplatz etwas abseits von der Hauptstraße eine Übernachtungsmöglichkeit. Am nächsten Tag fuhren einige kleine und größere Transporter immer mal wieder auf den Platz und die jeweils darin sitzenden Männer schauten recht interessiert auf mein sowie auf ein anderes Wohnmobil. Erst als mir einer dieser Männer durch verschiedene Gesten – näheres Parken, Hoch- und Runterschieben seines T-Shirts und Spielen an seinen Brustwarzen – eindeutig zu verstehen gab, weshalb er normalerweise diesen Ort aufsucht, begriff ich, dass ich den*

Männern vielleicht nicht länger Hoffnung machen sollte, und fuhr schließlich von dannen. Ansonsten erlebe ich nur Gutes, weil ich einerseits darauf vertraue und auf mein Bauchgefühl höre und andererseits die Mehrheit der Menschen lange nicht so schlecht ist, wie es oft in den Medien vermittelt wird. Das sieht man aber erst, wenn man rausgeht und sich die Welt und die Menschen selbst anschaut.

MANDY: Das klingt im Nachhinein total lustig, aber ich kann mir vorstellen, wie unangenehm die Situation für dich gewesen sein muss. Hast du Tipps für Frauen, die den Schritt ins Vanlife wagen möchten und noch unsicher sind?

ANJA: *Wenn du Ängste oder Bedenken haben solltest, reise vielleicht zunächst mit anderen (Frauen) ein paar Tage gemeinsam. Hol dir Tipps im gemeinsamen Gespräch und sammle schrittweise Erfahrung. Und der ultimative Tipp, auch wenn er abgedroschen klingt: Hör auf dein Bauchgefühl und denke daran, dass keine Entscheidung endgültig sein muss. Du hast jeden Tag die Wahl, sie zu revidieren und etwas anderes zu machen.*

Glücklich und unabhängig – Anja unterwegs ganz minimalistisch im Citroen Berlingo.

Daria

» *Ich hoffe, dass mehr und mehr Mädels und Frauen an sich und ihre persönlichen Stärken glauben. Vielleicht wird eine Frau, die allein aus ihrem Van klettert, dann irgendwann auch kein Exot mehr sein.*

Daria (26) arbeitete bereits während ihres Studiums dort, wo andere Urlaub machen: in einem kleinen Café auf der Insel Fehmarn. Mit dem verdienten Geld ging es auf Reisen: Brasilien, Zentralamerika, Südafrika und Asien. Und dann kamen die Idee und der Wunsch nach einem Campervan …

MANDY: Wie kam es dazu? Was war der Grund für den Einzug in deinen Van?
DARIA: *Ich war mit dem Studium fertig und wusste bloß eins: Ich wollte schreiben, Geschichten finden und erzählen. Mit einem Kaffee und Notizbuch bewaffnet saß ich an einem regnerischen Nachmittag am Fenster der »Villa« und schaute über den Hafen. Schon meine Eltern gingen früher im Bulli auf Reisen. In gewisser Weise wurde mir die Liebe zum Camping und zur Natur in die Wiege gelegt. »Irgendwann …«, hatte ich immer geschwärmt, wenn wir auf der Autobahn einen VW-Bus überholten. »Irgendwann …«, als ich einen Freund in seinem T3 in die Stadt fuhr. »Irgendwann …«, als ich eine Horde fröhlich angetrunkener Freunde nach Hause kutschierte und hinter dem Steuer des T4 genauso grinste wie die anderen.*
An diesem regnerischen Nachmittag im Spätsommer 2016 wurde »irgendwann« zu »jetzt«. Dass ich komplett in meinen Bus ziehen würde, schien mir die absolut logische Schlussfolgerung. Im Bus leben, von unterwegs aus arbeiten, neue Menschen, Kulturen und Lebensweisen kennenlernen und somit meine eigene Komfortzone stetig ausweiten – die Idee schien wie auf mich zugeschnitten. Natürlich dauerte die Suche nach dem richtigen Auto länger, als es meinem nun ungeduldigen Selbst lieb war. Doch das Warten sollte sich auszahlen. Einige Wochen später kaufte ich Eddie, mein erstes eigenes Auto: einen weißen VW T4 Transporter, ehemals Klempnerwagen und seit Mai 2017 offiziell mein Zuhause.

MANDY: Hast du deinen Van selbst ausgebaut? Und hat der Umbau vom Klempnerauto zum wohnlichen Camper problemlos funktioniert?
DARIA: *Das habe ich tatsächlich – natürlich mit Hilfe. Bevor der eigentliche Ausbau starten konnte, war ich erst einmal tagelang am Putzen. Im Laderaum klebte Heizungsöl, hinter den teils eingerissenen Wandverkleidungen haftete Monate alter Dreck und auch in der Fahrerkabine hatte sich zwischen*

Daria reist im selbst ausgebauten Campervan zusammen mit ihrem Hund durch die Welt.

Sitzbank und Trennwand eine Schicht Staub mit einigen wohl verloren geglaubten Baustellenrelikten zusammengetan. Danach kam der Rost. Eddie verschonte mich mit unvorhersehbaren Überraschungen, aber trotzdem blieb das ein oder andere Wehwehchen bei einem zwanzig Jahre alten Auto nicht aus. Stundenlang bearbeitete ich die gefundenen Stellen mit Schleifpapier und Sandstrahler, grundierte blankes Metall und tupfte Steinschläge und Kratzer mit neuem Lack aus.
Als der tatsächliche Ausbau begann, machte ich regelrechte Luftsprünge. Am meisten liebe ich das Holz (buchenbraun lasierte Pappel) und die Tatsache, dass in diesem Bus all das Platz hat, was mir wichtig ist. Von praktischen Dingen wie Kocher, Klamotten und Campingstühlen bis zu innig geliebten Büchern, Fotos und kleinem Schnörkelkram, der sich im Leben halt so ansammelt. Weitere Ausbaumöglichkeiten gibt es (im wahrsten Sinne des Wortes) natürlich immer. Ganz oben auf der Liste stehen derzeit die Zweitbatterie und eine Gasflasche, damit der Schrank dann endlich auch zum Kühlschrank wird.

MANDY: Und nachdem der Ausbau fertig war, ging die erste Reise los … wo ging es hin und gibt es neue Reisepläne?
DARIA: *Als Eddie und ich im Mai 2017 endlich startklar waren, hatte ich eine vage Route im Kopf: über Luxemburg nach Frankreich, einmal runter bis ans Meer und weiter nach Italien. Kurz hinter der italienischen Grenze fand ich ein Künstlerdorf. Eigentlich wollte ich bloß auf ein Glas Wein vorbei. Ich blieb mehrere Monate. So ging es mir in Italien öfter. Ich fand Orte und Menschen und verlor die Weiterfahrt komplett aus dem Blick. Vielleicht sind genau dies die Momente, die die zeitlich begrenzten Reisen zuvor von meinem jetzigen Leben unterscheiden. Mit dem Bus machte es einfach nie Sinn, tage- oder gar wochenlang vorauszuplanen. Das hat pragmatische Gründe wie das Wetter und liegt vor allem an all den großen und kleinen Überraschungen, die schon hinter der nächsten Kurve warten können: die kurvige Straße, die entlang des türkisblauen Flusses führte; das Plateau in den Bergen, auf dem wir ausgelassen durch die Felder tanzten; das spontane Abendessen, dem eine Einladung zur Olivenernte folgte. Kreuz und quer zog es mich so durch Italien. Momentan hangle ich mich von Ortschaft zu Ortschaft durch die Toskana, im Sommer soll es wieder nach Norddeutschland gehen. Das ist der grobe Plan – die Details werden sich unterwegs schon ganz von allein finden.*

MANDY: Allein als Frau unterwegs – wie ist das für dich?
DARIA: *Ich treffe nicht selten auf staunende Gesichter, wenn ich erzähle, dass ich nicht nur reise, sondern tatsächlich im Bus lebe. Allein. Als Frau. Meist sind es die Reaktionen der anderen, die mich daran erinnern, dass mein Lebensweg nicht unbedingt gängig ist. Ob ich denn keine Angst habe, wollen die meisten wissen, und ich schüttle den Kopf.*
Aber so ganz allein? Ganz allein bin ich nie: Schon vor eineinhalb Jahren machte Simba, ein kleiner Mischlingswelpe, das Duo zum Trio.

Und auch die Menschen, die ich unterwegs treffe, sind in der Regel wahnsinnig warmherzig, offen und hilfsbereit. Für mich fühlt sich das alles natürlich an. Eddie erlaubt es mir, im Moment zu leben, und Simba fordert mich heraus, auf meine Intuition zu hören, wenn meine Gedanken sich doch mal im Kreis zu verlieren drohen. Von Beginn an liebte Simba es, dicht am Feuer zu sitzen, auf Mauern zu klettern und an steilen Abhängen hinunterzugucken.
Ich musste mir die Sorge um ihn schnell abgewöhnen. Stattdessen lernte ich, ihm zu vertrauen. In gewisser Weise leitet er oft den Weg für uns beide: durch Wälder und Wiesen, auf Hügel und Berge, in Flüsse und ins Meer – alles, Hauptsache draußen.

MANDY: Wunderbar – bei mir verlief es sehr ähnlich. Anfangs noch allein unterwegs, kam irgendwann Hund Marko dazu. Und seitdem ist Action angesagt. – Womit verdienst du denn dein Geld unterwegs? Welche Herausforderungen bringt diese Form des Arbeitens mit sich?
DARIA: *Nach ein paar holprigen Anläufen mache ich nun tatsächlich das, wovon ich immer geträumt habe: Ich biete Webdesign an und schreibe. Als Freiberufler steht man natürlich vor den allgemein bekannten Herausforderungen, vor allem was die Kontinuität von Aufträgen betrifft. Meine persönliche Herausforderung ist und bleibt die Selbstvermarktung. Und die größte Herausforderung unterwegs? Strom! Ich habe im Bus noch immer keine Zweitbatterie.*

MANDY: Das Stromproblem kenne ich, trotz Solaranlage wird's zumindest im Winter manchmal recht knapp. – Bist du unterwegs schon mal in eine unangenehme Situation oder Begegnung geraten?
DARIA: *In Südfrankreich war im Sommer nachts mal jemand um mein Auto geschlichen. Ich stand allein an einem Fluss und wachte von den Scheinwerfern des Transporters auf, der den Weg entlanggefahren kam. Mein Herz schlug definitiv ein paar Takte schneller, aber wahrscheinlich auch das des Mannes, als Simba an der langen Leine wutentbrannt bellend aus der offenen Schiebetür sprang. Der Typ nahm die Beine in die Hand und ich setzte mich hinters Steuer und wechselte schleunigst den Schlafplatz.*
In zwei Jahren war das die einzige unangenehme Situation. Natürlich gibt es Momente, in denen sich meine Gedanken verselbstständigen, bevor ich sie aufhalten kann: Was wäre, wenn Simba nicht bei mir gewesen wäre…? Aber ob ich deshalb erwogen habe, mein Leben im Bus aufzugeben? Nein. Im Gegenteil: Statt mich Situationen hilflos ausgeliefert zu fühlen, möchte ich entscheiden, wie viel Kraft ich ihnen schenke. Vielleicht bin ich hier und da ein bisschen vorsichtiger und im Fall der Fälle bereit, das Auto in einigen wenigen Handgriffen startklar zu machen. Insgesamt – das hat mir diese Situation gezeigt – fühle ich mich mit Simba sicher.

MANDY: Hast du einen Ratschlag für Frauen, die ebenfalls gern im Van losziehen wollen?

DARIA: *Wir leben in einer Welt, die klare Vorstellungen hat, was »man« tun und lassen sollte; eine Welt, die uns von Beginn an eintrichtert, dass das Reisen allein als Frau gefährlich ist. Es gibt wahrscheinlich nichts, was ich sagen kann, um jemandem diese Angst zu nehmen. Den Zahn müssen wir uns selbst ziehen – indem wir allein vor die Tür treten und so lange weiterlaufen, bis wir merken, dass es wirklich keinen Sinn hat, Angst zu haben, weil aus Angst nichts Gutes resultiert.*
Diejenigen, die bereits unterwegs sind, brauchen deshalb wohl kaum noch viele Tipps von mir – die größte Hürde haben sie, denke ich, schon gemeistert. All denjenigen, die träumen und hadern, möchte ich ein kleines bisschen Mut zusprechen, ihren eigenen Weg einzuschlagen – ob das nun ein Leben im Bus oder die erste Reise allein ist, ist völlig egal.
Ich hoffe, dass mehr und mehr Mädels und Frauen an sich und ihre persönlichen Stärken glauben. Vielleicht wird eine Frau, die allein aus ihrem Van klettert, dann irgendwann auch kein Exot mehr sein.

MANDY: Was darf in deinem Van nicht fehlen?
DARIA: *Simba, mein Hund. Im Oktober 2017 war ich bereits einige Wochen auf der Suche nach einem Hund, doch in einem italienischen Tierheim sagte man mir, dass Hunde nur an Menschen mit Meldeadresse vermittelt würden. Dann schrieb mir irgendwann ein Freund: »Wir haben einen Hund für dich, er kommt am Sonntag!« Er, Sonntag?! Ich hatte Bedenken, einen Welpen zu adoptieren, über den ich nichts wusste und den ich noch nie zuvor gesehen hatte. Einige Tage lang machten sich die Jungs über meine plötzliche Panik lustig: Er würde riesig groß werden und ich sollte meinen VW-Bus am besten schon mal gegen einen Lkw eintauschen. Selbst als ich ihn sah – dieses kleine schwarz-weiße Fellbündel mit der rosa-schwarz gesprenkelten Nase, das schon mit sieben Wochen neugierig durch die Gegend tapste –, verschwanden meine Sorgen nicht gleich. Doch als ich ihn hielt, setzten die Gedanken zumindest für einen Moment aus und ich fühlte, dass wir unzertrennlich werden würden.*
Eineinhalb Jahre und über 20 000 Kilometer später ist Simba noch immer empört, wenn ich es wage, doch mal etwas ohne ihn zu unternehmen. Eine Hundetrainerin sagte mir vor nicht allzu langer Zeit, er sehe mich als seine Freundin. Vielleicht fasst es das am besten zusammen.

MANDY: Was war das Highlight deiner Reise bisher?
DARIA: *Ein offenes Haus in einem besetzten Künstlerdorf, die Olivenernte in der Toskana, ein Monat, in dem ich mit meiner besten Freundin kreuz und quer durch Italien fuhr … die Liste ist lang!*
Einer der schönsten Momente, der vielleicht auch den Weg für alles Darauffolgende ebnete, passierte recht zu Beginn dieses ganzen Busabenteuers. Zwei Wochen lang war ich bereits unterwegs, als ich die französische Mittelmeerküste erreichte. Es war heiß und das funkelnde Blau, das zwischen den Bäu-

men hindurch glitzerte, sah mit jeder Minute einladender aus. Gleichzeitig fand sich hier die erste von vielen sich wiederholenden Herausforderungen: Im kompletten Mittelmeerraum sind die ohnehin begehrten Parkplätze fast ausschließlich mit Höhenbegrenzungen versehen – dank der Dachbox passte ich auf keinen Parkplatz. Ein wenig nervös parkte ich Eddie schließlich in einer von Villen gesäumten Straße und sprang wenige Minuten später von den nahe gelegenen Felsen ins Meer. Wie es der Zufall wollte – und manchmal will er es wirklich gut –, lernte ich Yann und Alex kennen. Wir unterhielten uns, so gut es mein halb vergessenes Schulfranzösisch eben hergab, und stellten fest: Wir alle wohnten in Vans! Wenn sich das Leben im Bus in der Theorie recht simpel anhörte, hatte ich von der praktischen Umsetzung noch immer recht wenig Ahnung. Und doch: Die Selbstverständlichkeit, mit der die beiden Freunde in Yanns Bus reisten und lebten, war regelrecht ansteckend. Drei Tage lang parkten wir aneinandergereiht in dieser Wohnstraße von Cassis. Wenn Yann und Alex morgens mit zerzausten Haaren aus dem Bus kletterten, putzten sie sich mitten auf der Straße die Zähne. Wir tranken Kaffee, aßen Frühstück und wenn ein Auto vorbeikam, sprangen wir durch die offenen Schiebetüren ins Auto und winkten den fröhlichen Gesichtern zu, die schmunzelnd und lachend an uns vorbeifuhren.

»Wenn ihr irgendetwas braucht – ich wohne da vorn«, bot eine junge Frau uns am letzten Morgen an, bevor sie auf ihrem Scooter davonsauste. Als auch ich mich wenig später hinter das Lenkrad setzte, hatte ich das Gefühl, ein halbes Leben hier verbracht zu haben. Innerhalb von drei kurzen, langen Tagen hatte mein diffuser, manchmal verwirrender Traum vom Leben im Bus Form angenommen. Ich könnte überall zu Hause sein und noch viel wichtiger: Ich lebte diesen Traum nicht allein.

MANDY: Eine schöne Geschichte! Und ich finde eh, in jeden Van gehört mindestens ein Hund! – Du bist jetzt schon eine Weile unterwegs. Ist dieses Vanlife für dich so, wie du es dir vorgestellt hast?

DARIA: *Natürlich sieht man das Leben unterwegs auf Instagram epicadventures, roadslessstraveled oder parkedinparadise, und so ist es auch – manchmal; meistens, wenn alles gut läuft. Und trotzdem bleibt der triste Regentag nicht aus, an dem der Hund mit matschigen Pfoten aufs Bett springt. Manche Tage sind abenteuerlich, andere Tage sind ruhig und ereignislos, an anderen Tagen sitzt man stundenlang in irgendeinem Café und arbeitet. Ich persönlich war schon immer ein Freund von Überraschungen und von Momenten, die etwas verändern können. Wahrscheinlich war das unterbewusst auch das, was mich an dieser Lebensart so gereizt hat. Generell lernt wahrscheinlich auch die organisierteste Person nach einer Weile im Van die nötige Dosis Gelassenheit, bestimmte Momente zu nehmen, wie sie eben kommen. Denn mal ehrlich: Ob im Van, im Haus, im Zelt oder auf Reisen mit dem Rucksack – am Ende ist das Leben eh nie genau so, wie man es sich vorgestellt hat, und das ist auch gut so.*

Eileen

»Die Menschen in der Vanlife-Community da draußen könnten unterschiedlicher nicht sein, und trotzdem verbindet alle der unersättliche Freiheitsdrang.

Eileen (29) lebt seit Juni 2018 zusammen mit ihrem Hund im Campervan. Zuvor hatte sie ein ganz »normales« Leben: einen gut bezahlten Job, eine Doppelhaushälfte auf dem Land, ein Cabrio in der Auffahrt, den Hund im Garten und eine Beziehung, in der sie jedoch nicht glücklich war. Stattdessen war Eileen überfordert vom stressigen Alltag, arbeitete zu viel und versuchte, sich Glücksgefühle durch Konsum zu kaufen. Heute sagt sie: »Inzwischen weiß ich, dass es andere Dinge sind, die das Leben lebenswert machen.«

Der Gedanke, ihr Leben auf diese Weise zu verbringen, hatte Eileen zermürbt. Nachdem ihre Beziehung in die Brüche gegangen war, fasste sie schließlich den Beschluss, ihr Leben um 180 Grad zu wenden. Sie kündigte die Wohnung, Verträge, Möbel wurden verschenkt oder eingelagert, der Hund für Reisen ins Ausland geimpft und zu guter Letzt das Auto gegen einen Campervan eingetauscht. Als Eileen ihren Arbeitgeber über die neuen Pläne informierte, war dieser zum Glück so flexibel und ermöglichte ihr, den bisherigen Job weiterhin von unterwegs auszuführen. Eileens 180-Grad-Wende hat funktioniert: »Dass alles so geklappt hat, wie ich es mir vorgestellt habe, ist für mich ein Zeichen mehr, die richtige Entscheidung getroffen zu haben«, erzählt sie mir. »Mein Leben ist jetzt entschleunigt, ich lebe bewusster, ernähre mich gesünder, bin meistens draußen in der Natur. Ich habe Zeit, zur Ruhe zu kommen, meine Gedanken schweifen zu lassen. Ich hetze nicht mehr von einem Meeting zum nächsten, stehe nach Feierabend nicht mehr in der überfüllten U-Bahn und muss am Wochenende keine gesellschaftlichen Pflichttermine mehr wahrnehmen, nach denen mir eigentlich gar nicht der Sinn steht. Kurz gesagt, ich lebe freier und selbstbestimmter, und ich denke, der Wunsch nach genau diesem Leben hat mich damals dazu gebracht, mich auf diese Reise zu begeben.«

MANDY: Du lebst jetzt seit über einem Jahr im Van. Wie geht es dir damit?

EILEEN: *Früher hätte ich mir niemals zugetraut, allein mit dem Van durch Europa zu reisen. Heute macht es mich stolz und ich könnte mir kein schöneres Leben vorstellen. Ich habe gelernt, Hilfe von anderen anzunehmen, und weiß jetzt, dass es für jedes Problem eine Lösung gibt. Der größte Vorteil am Alleinreisen ist, dass ich jederzeit frei entscheiden kann, wie ich meine Reise gestalte und wann ich weiterziehe. Wo ich mich*

Von der Doppelhaushälfte in den Van – Eileen genießt ihr Leben im Campervan zusammen mit ihrem Hund.

wohlfühle, bleibe ich ein paar Tage länger. Oder Wochen. Oder sogar Monate – im Winter hat es mich fünf Monate in Málaga gehalten. Die Nachteile kann sich wahrscheinlich jeder denken: Fotos nur mit Selbstauslöser oder Selfiestick, Sonnenbrand am Rücken, wo man beim Eincremen nicht hinkommt, auf dem Parkplatz dreimal um den Van herumlaufen, weil kein Beifahrer zum Einweisen da ist …

MANDY: Fühlst du dich denn manchmal einsam?
EILEEN: *Obwohl ich viele Menschen kennenlerne und mich grundsätzlich nicht einsam fühle, fehlt mir an manchen Abenden doch etwas Gesellschaft. Vielleicht treffe ich eines Tages jemanden, der meinen Weg mit mir geht. Für jemanden einen anderen Weg einzuschlagen oder gar meine Reise abzubrechen kommt momentan nicht infrage.*

MANDY: Dein Start ins Vanlife klappte ja wunderbar, vor allem weil du deinen Job weiterhin von unterwegs ausüben konntest. Inzwischen hast du diesen gekündigt. Wie kam es dazu?
EILEEN: *Als ich losgefahren bin, befand ich mich in einer Festanstellung als Online Marketing Manager bei einem Onlineportal. Ich hatte das Glück, meinen Job behalten und ortsunabhängig arbeiten zu können. Nach einigen Monaten habe ich aber realisiert, wie günstig das Leben im Van ist und dass ich mehr freie Zeit haben möchte – zum Reisen, zum Sprachenlernen, zum Menschenkennenlernen. Und zum Ausschlafen. Also habe ich meinen 40-Stunden-Job gekündigt und mich selbstständig gemacht. Jetzt biete ich Beratung und Konzeption sowie Kampagnensteuerung in den Bereichen Social Media und Suchmaschinenwerbung an und arbeite nur noch ungefähr die Hälfte der Zeit. Wann ich will, wo ich will. Für mich die perfekte Lösung.*

Nicht alles lief bei Eileen so reibungslos. In Italien wurde zweimal in ihren Van eingebrochen, als sie mit ihrem Hund unterwegs war. Notebook, Bargeld, Schmuck und einige elektronische Geräte wurden gestohlen, der Van war danach komplett verwüstet und die Türschlösser waren defekt.

EILEEN: *Ein weiteres Mal stand ich auf einem einsamen Platz am Fluss, als ein Kleinwagen mit zwei Männern hinter mir parkte. Ich hatte alle Vorhänge zum Schutz vor der Sonne zugezogen und konnte nur durch einen Spalt nach draußen schauen. Einer der Männer lief einige Male um meinen Van herum und saß anschließend eine gefühlte Ewigkeit vor meiner Fahrertür, bevor er sich schließlich am Schloss zu schaffen machte. Ich bin aufgesprungen, habe Lärm gemacht und Nori den Befehl zum Bellen gegeben. Zum Glück ist der*

40-Stunden-Job adé! Eileen arbeitet inzwischen von unterwegs selbständig im Online-Marketing.

Mann sofort zurück zum Auto gerannt und mit seinem Komplizen abgehauen. Ein mulmiges Gefühl ist trotzdem geblieben.

Doch manchmal bringen missliche Momente auch schöne Überraschungen mit sich. Als Eileen nachts auf einer Autobahnraststätte mit einer Panne stehen blieb und auf den Pannendienst wartete, wurde aus dem ganzen Drama doch noch ein netter Abend:

EILEEN: *Meine Garnelenpfanne, die ich während der Wartezeit zubereitet hatte, teilte ich mit dem Mechaniker vom Pannendienst. Der hatte gerade seine Spätschicht beendet und während er sein Feierabendbier aufmachte, stießen zwei Tramperinnen aus Tschechien zu uns, die unerwartet von ihrer Mitfahrgelegenheit auf dieser Raststätte mitten im Nirgendwo abgesetzt worden waren. Da keiner von uns etwas Besseres vorhatte, saßen wir bis spät in die Nacht zusammen und sprachen über Gott und die Welt. Das Ende der Geschichte? Die Mädels haben mich ein Stück auf meiner Reise begleitet und ich habe jetzt einen persönlichen Ansprechpartner beim Pannendienst.*

Eileens Tipp für alle Frauen, die sich gern allein auf den Weg ins Vanlife begeben möchten: »Hab keine Angst, auf andere Menschen zuzugehen. Ob Einheimische oder andere Reisende – die meisten sind offen, hilfsbereit oder freuen sich über ein nettes Gespräch. Und nicht selten werden sie zu Bekannten, Freunden oder sogar zu Weggefährten auf deiner Reise. Die Menschen in der Vanlife-Community da draußen könnten unterschiedlicher nicht sein, und trotzdem verbindet alle der unersättliche Freiheitsdrang.«

Jederzeit frei entscheiden zu können, wie sie ihre Reise gestaltet und wann sie weiterzieht – einer von vielen Gründen für Eileen, im Campervan zu leben.

arthago
Malibu

Heike

»Ich liebe es, weiterziehen zu können und auch an einem Ort, der mir gefällt, so lange bleiben zu können, wie ich mag. Für mich ist Reisen abwechslungsreich – mal ganz abgesehen von den wechselnden Orten – es bietet mir ein erfülltes und erfüllendes Leben.

Heike (51) wurde von ihrer Tochter ermutigt, endlich diesen Schritt zu wagen: die Wohnung zu kündigen und mit dem Campervan loszuziehen. Seit Juli 2018 ist sie nun unterwegs. Zuvor hatte Heike alles, was sich in der Wohnung befand, verkauft oder verschenkt. Sie startete ihre Reise in Süddeutschland, fuhr weiter nach Österreich, Kroatien und über den Winter ging es nach Spanien.

MANDY: Und wie kamst du zu der Entscheidung, alles zu verkaufen und in einen Van zu ziehen?
HEIKE: *Seit einigen Jahren bereits regte sich in mir der Wunsch, im Bulli durch die Welt zu reisen, inspiriert durch ein Buch über eine alleinreisende Frau. Im Jahr 2013 kaufte ich den Bulli, um einfach mal öfter aus der Stadt in die Natur zu fahren. Doch solange ich noch meine Kinder bei mir wohnen hatte und sie noch zur Schule gingen, war klar, dass ich damit nicht starten würde. Außerdem wollte ich immer gern mit einem Partner reisen, doch es fand sich kein passender – bis heute übrigens. Im Sommer 2016 entschied ich mich zu einer zehnwöchigen Tour durch Südtirol und Südfrankreich. Dabei sammelte ich wichtige Erfahrungen und Beobachtungen. Auch wenn die Um-die-Welt-Tour fest in meinem Kopf war, so war es dennoch bis dahin ein großer Schritt. Viele gedankliche Blockaden standen noch im Weg, die ich erst in mir lösen musste. Als beide Töchter ausgezogen waren, war ich beruflich plötzlich extrem eingespannt. Ich ackerte, bis mein Herz anfing, extrem zu rasen. Tage-, sogar wochenlang. »Hier stimmt was nicht«, dachte ich mir. »Endlich verdiene ich ein bisschen mehr Geld, habe aber überhaupt keine Zeit mehr für Freunde und Familie. Das ist nicht mein Leben!«, wurde mir klar.*

MANDY: Du bist aber nicht sofort in den Bulli gezogen, sondern bist zum Couchsurfing-Abenteuer aufgebrochen …
HEIKE: *Richtig. Schnellstmöglich flog ich mit Backpack nach Mallorca, wohnte erstmals bei Couchsurfing-Anbietern und via Airbnb. Das waren alles völlig neue Erfahrungen für mich. Das Beste war, dass ich sehr viele sehr interessante Menschen kennenlernte, die ihr Leben irgendwann radikal geändert hatten.*

Nach jahrzehntelangem »ganz normalem« Leben zieht Heike mit 51 Jahren in ihren VW-Bus und fährt einfach mal los.

Den größten Eindruck hinterließ ein 45-jähriger Engländer, der mich in seine Wohnung auf einen Kaffee eingeladen hatte. Wir hatten uns über die Couchsurfing-Plattform angeschrieben und wollten gemeinsam wandern gehen. Ich saß in seiner angemieteten, möblierten Wohnung und er erzählte mir, dass er alles aufgegeben hatte, denn er »habe nur das eine Leben«. Im eingebauten Wandregal lagen nur eine Landkarte und eine Taschenlampe. »Mehr braucht es auch nicht!«, dachte ich bei mir.

MANDY: Und dann kam deine Tochter auf eine super Idee …
HEIKE: *Zurück in meiner Heimatstadt, führte ich ein Telefonat mit meiner Tochter, die gerade seit drei Monaten in Indonesien und Thailand herumreiste und auf unbestimmt unterwegs sein wollte. Wir überlegten, wie sie unterwegs Geld verdienen könnte, und sammelten einige Ideen. Schließlich sagte ich: »Und ich? Was kann ich denn machen?«*
Ihre Antwort schallt noch immer in meinen Ohren: »Ach, Mama – du mit deiner Life-Coaching-Ausbildung kannst einfach ein Schild malen und es in deinen Bus hängen.« Ermutigt durch ihre Aussage, hörte ich in mich hinein. Da gab es keinen Zweifel mehr und keine Angst. Stattdessen spürte ich deutlich einen Ruf, der sagte: »Mach das!« So kündigte ich an dem Tag noch meine Wohnung.
Als ich startete, allein und ohne Partner, feierte ich gerade meinen 51. Geburtstag und hatte ein jahrzehntelanges, ganz normales bürgerliches Leben hinter mir, das mich krank gemacht hatte. Meine 20-jährige Tochter hatte sich da übrigens gerade in Neuseeland ein Auto gekauft, es zu einem Van ausgebaut und fährt seitdem allein herum. Inzwischen ist sie 14 Monate unterwegs. Ich finde es sehr cool, dass sie das in ihrem Alter schon macht.

MANDY: Du arbeitest jetzt unterwegs als Life-Coach – funktioniert diese Kombination von Reisen und Arbeiten für dich?
HEIKE: *So, wie andere ihren Urlaub zeitlich planen, plane ich heute meine Arbeitszeiten. Ich habe festgestellt, dass ich Teile meiner Arbeit weiterführen kann, auch wenn ich unterwegs bin. Als Freelancer im Bereich Life-Coaching, spirituelle Entwicklung und Kommunikationstrainerin in Weiterbildungseinrichtungen kann ich die Arbeitsmenge selbst bestimmen.*
Letztes Jahr habe ich entdeckt, dass ich blockweise arbeiten kann, das heißt, ich arbeite mehrere Wochen in meiner ursprünglichen Heimat und nehme mir dann wieder für einige Wochen oder Monate Reisefreiheit. Da ich keine Wohnung habe, die ich finanzieren muss, bin ich jeweils da zu Hause, wo mein Bulli steht. Innerhalb Europas organisiere ich mich nun so, dass ich den Bulli für die Dauer

Heike genießt ihre Freiheit und die Unabhängigkeit im Camper. Sie arbeitet unterwegs als Life-Coach.

meiner Arbeit irgendwo unterstelle und zum Arbeitsort fliege. Das ist günstiger als das Fahren. Dort wohne ich dann bei Familie oder Freunden, die sich freuen, mich zu sehen. Nebenbei lausche ich stets anderen Reiselebenden, wie sie ihren Unterhalt verdienen. Und ich habe die Absicht, meine Coachings via Skype auszubauen. Möglicherweise werde ich Mehrtages-Seminare in warmen Urlaubsregionen anbieten.

Auch wenn ich meine Arbeit liebe – ich möchte daneben immer noch genug Zeit haben, um mein Leben zu genießen und zu tun und zu treffen, was und wen ich will.

MANDY: Das klingt spannend! – Wie funktioniert das Reisen und Leben im Bulli inzwischen für dich? Ist es so, wie du es dir vorgestellt hast?

HEIKE: *Ich bin eine Nomadin. Ich mag nicht »wohnen«. Mich stationär irgendwo niederzulassen ist für mich – zumindest aktuell – nicht von Interesse. Ich liebe es, weiterziehen zu können und auch an einem Ort, der mir gefällt, so lange bleiben zu können, wie ich mag. Es gibt so viele schöne Orte, und damit meine ich gar nicht die üblichen Tourismusgegenden, sondern die Natur, die so unterschiedlich und abwechslungsreich ist und so viel Kraft gibt. Da ich eher zu den Introvertierten gehöre, kann ich es gut mit mir allein aushalten. Im Winter können Abende allein jedoch lang werden, wenn die Dunkelheit früh einsetzt und es zu kalt wird, um lange draußen zu sitzen. Mitunter treffe ich mich real mit Gruppenmitgliedern aus Facebook-Gruppen, mit denen ich dann gelegentlich gemeinsame Dinge unternehme. Aber ich habe auch gelernt, offen auf andere Menschen zuzugehen und ein ungezwungenes Gespräch zu beginnen. Das ist nicht nur gut, um einfach mal mit jemandem zu plaudern, sondern auch, um wertvolle Informationen, was das Reisen betrifft, zu sammeln. Auf diese Weise entstehen Spontanfreundschaften, mit denen man eine Zeit lang gemeinsam weiterreisen kann.*

MANDY: Das geht mir ähnlich, auch ich bin eher introvertiert, merke aber unterwegs, dass es mir immer leichter fällt, auf Menschen zuzugehen, auch dank aktiver Beteiligung meines Hundes. – Siehst du auch Schwierigkeiten beim Alleinreisen als Frau?

HEIKE: *Ich bin immer froh, wenn an einem Platz, an dem ich stehe, noch ein anderer Wagen über Nacht steht. Das gibt mir das Gefühl von Sicherheit; man achtet gegenseitig auf sich und kann sich unterstützen. Als Frau mag ich es nicht, ganz allein auf einem ausgeschriebenen Parkplatz zu stehen. Bin ich irgendwo in der Pampa, etwas ab von der Straße, macht mir das allerdings weniger aus.*

Weiterhin nutze ich die Plattform Couchsurfing, um Kontakt zu Einheimischen aufzunehmen. Dort kann ich mal duschen oder wir unternehmen etwas gemeinsam. Sie zeigen mir ihre Ortschaften – alles ganz zwanglos.

MANDY: Über Couchsurfing Einheimische kennenzulernen ist eine super Idee, das werde ich bei Gelegenheit auch mal ausprobieren.

HEIKE: *Im Übrigen gibt es viele Alleinreisende, mit denen man recht schnell in Kontakt kommt, denn ihnen ergeht es ebenso. Es ergeben sich fast immer sehr interessante Begegnungen.*

MANDY: Hast du auch mal Ängste, die dich unterwegs in bestimmten Momenten einholen?

HEIKE: *Einige Frauen fragten mich im Vorfeld, ob ich denn nicht Angst davor hätte, dass mein Wagen plötzlich mal kaputt gehen könnte – nein, das ist für mich nur eine Übung, eine Lösung zu finden. Und die gibt es immer! In meiner Heimatstadt kann das genauso passieren. Unterwegs ist es wichtig, Vertrauen zu haben in den Lauf der Dinge; ich vertraue darauf, dass jemand hält, der mir helfen kann. Ich erinnere mich an eine Reise, bei der mir tatsächlich schon mal der Leihwagen liegengeblieben ist, an einer sehr unübersichtlichen Stelle, in der Dunkelheit. Der Vermieter des Wagens konnte sich in dem Moment nicht kümmern und so stand ich einfach da und regelte den Verkehr, damit niemand zu Schaden kam. Bis ein Auto mit drei jungen Männern anhielt und sie ihre Hilfe anboten – einer von ihnen war Kfz-Mechaniker. Das zeigte mir, dass es immer irgendwie weitergeht – manchmal ist es eine Frage der Zeit. Auf den Übernachtungsplätzen treffe ich häufig jemanden, der sich mit dem einen oder anderen Problem auskennt, sei es das Fahrzeug betreffend, die PC-Technik oder Optimierungen im Innenbereich, wie Dieselheizung, Kompressor-Kühlschrank, Solaranlage etc. Während des Reisens habe ich viel leichter und mehr Kontakt zu anderen Menschen als isoliert in meiner Wohnung, wo meist alles organisiert abgesprochen werden muss. Hier ergibt es sich. Inzwischen habe ich so viele interessante Gespräche geführt über Themen, die für mich zuvor eher unbekannt waren. Von jedem kann ich etwas Neues lernen und das erweitert meinen Horizont stetig. Für mich ist Reisen abwechslungsreich – mal ganz abgesehen von den wechselnden Orten – es bietet mir ein erfülltes und erfüllendes Leben.*

MANDY: Was sollte deiner Meinung nach jede Frau im Campervan dabeihaben?

HEIKE:

- *Toilette: Für mich persönlich ist eine Toilette an Bord von hohem Wert. Gerade weil ich eine Frau bin und eben auch gern wild campe. Vor einiger Zeit habe ich die Stehpinkelhilfe aus Silikon entdeckt, mit der ich einfacher im Freien bzw. in eine Flasche im Van pinkeln kann und die ich später ausleere. So erspare ich mir das häufige Ausleeren der Kassettentoilette. Empfehlenswert ist eine Trenntoilette.*
- *Stock: Um mich zu schützen, habe ich ein paar Stunden Unterricht in Stockkampf genommen. Dabei habe ich gelernt, den Stock beeindruckend zu schwingen, und ich weiß, wie ich mögliche Angreifer auf Distanz halten kann. Nordic-Walking-Stöcke habe ich sowieso im Wagen, die kann ich auch zur Abwehr nutzen.*
- *Einbruchschutz: Man hört durchaus von Einbrüchen in Vans. Daher habe ich einer-*

seits ein zusätzliches Lenkradschloss, das es erschwert, den Wagen komplett zu klauen, andererseits eine Kette, die ich stramm von der Schiebetür zur Beifahrertür ziehe, falls jemand direkt die Schiebetür aufbrechen wollte. Das sichert das Zuhalten der Tür, selbst wenn das Schloss geknackt wird.

➡ *Vertrauen: Das grundsätzlich Wichtigste überhaupt ist, Vertrauen ins Leben zu haben. Mit einer vertrauensvollen Einstellung, dass es für alles eine Lösung gibt, ergibt sich Leichtigkeit und Dinge fügen sich. Niemand ist vor unglücklichen Dingen gefeit, doch wie wir damit umgehen, ist entscheidend. Auch stationär haben wir Rückschläge im Leben, mit denen wir zurechtkommen müssen. Auf Reisen sind es nur andere Themen.*

Arbeiten unterwegs, wo und wie es ihr gefällt – Heike genießt die neugewonnene Freiheit.

carthago
Malibu
TDI

14

Jane

Es hat etwas Familiäres, zusammen mit neuen Leuten zu kochen, zu essen und sich dabei auszutauschen. Manchmal hab ich das Gefühl, ich bin eine Gipsy.

Jane (39) lebt seit Mitte 2016 zusammen mit ihrer Tochter und Hund im Campervan namens »Lars Longstrong der Eisbär« – ein Fiat Ducato mit Traveller-Aufbau. Das Leben im Van war schon immer Janes großer Traum. Bestimmt hunderte Skizzen zum Ausbau eines Vans hatte sie bereits entworfen, nur mangelte es meist am Geld, um die Ideen umsetzen zu können. Doch dann lag eines Tages ein Brief im Briefkasten, der eine finanzielle Veränderung ankündigte: Ein Bausparvertrag wurde ausgezahlt. Jane war ziemlich schnell klar, was sie mit dem Geld machen würde: nämlich einen Campervan kaufen. Für den Selbstausbau des Vans hatte sie als alleinerziehende Mutter keine Zeit, also musste ein fertig ausgebautes Wohnmobil her.

MANDY: Wie bist du bei der Suche nach deinem Campervan vorgegangen?
JANE: *Umgeschaut hatte ich mich ja immer wieder mal. Nun wurde aus dem Traum Wirklichkeit. Ich setzte mich hin und machte eine Liste, was das Wohnmobil auf jeden Fall alles haben sollte: Solar, Dusche, Markise, Heizung, Alkoven. Dann wühlte ich mich durch die Anzeigen. Ich suchte mir vier Wohnmobile raus, machte Besichtigungstermine bei dreien für ein Wochenende und fuhr an diesem Wochenende 1200 Kilometer zusammen. Ohne Erfolg. Immer passte irgendetwas nicht.*

MANDY: Aber bei Wohnmobil Nummer vier hat es dann endlich geklappt.
JANE: *Ja, der Fiat Ducato heißt heute Lars Longstrong der Eisbär. Er ist mein erstes richtiges Zuhause. Ich hab mich noch nie so wohl und geborgen gefühlt wie im Lars. Das Leben, es ist anders. Es hat auch seine Höhen und Tiefen. Jedoch sind es Höhen und Tiefen, die ich nicht missen möchte. Ich liebe es, mein Zuhause immer bei mir zu haben.*

MANDY: Mir geht es ebenso in meinem Camper – er ist mein Zuhause, mein Wohlfühl- und Rückzugsort. – Wie fühlt sich das Reisen allein als Frau mit Kind für dich an? Wie geht es euch unterwegs?
JANE: *Es ist ein Privileg, wie ich finde, ein Haus am See, am Meer und in den Bergen zu haben. Gleichzeitig ist mir aber auch bewusst, wie schnell Lars ausfallen oder gar wegfallen kann. Freunden von mir ist das schon passiert. Doch genau das ist es, was es ausmacht. Es ist ein intensives Leben.*
Was ich am Vanlife sehr mag: Man lernt sich selbst kennen. Die guten wie die schlechten Seiten. Das hat mich sehr wachsen und reifen

Jane unterwegs zusammen mit ihrem Kind und Hund im Fiat Ducato namens »Lars Longstrong der Eisbär«

lassen und ich konnte lernen, mich mehr anzunehmen und zu lieben. Ich weiß nicht, ob das in einer Wohnung auch möglich gewesen wäre.
Ich liebe es, neue Landschaften zu erkunden, andere Sprachen zu sprechen, neue Bekanntschaften zu machen und mit ihnen zu essen. Das Essen auf Reisen ist immer toll. Es hat etwas Familiäres, zusammen mit neuen Leuten zu kochen, zu essen und sich dabei auszutauschen. Manchmal hab ich das Gefühl, ich bin eine Gipsy.

MANDY: Gab es auch mal Stress oder unschöne Momente unterwegs?
JANE: *Letzten Winter waren wir hier in Deutschland und der Budenkoller hat sich breitgemacht. Da gab es ordentlich Streit zwischen meiner Tochter und mir. Daraus hab ich viel über mich gelernt.*
Im Winter in Deutschland wurde mir mehrmals auch das Betreiben des horizontalen Gewerbes angedichtet. Man hat versucht, mich von Parkplätzen zu vertreiben. Und gerade als Alleinerziehende wird man in der kalten Jahreszeit schnell kritisch beäugt. Im Sommer ist das weniger der Fall, weil man mehr draußen ist und auf die Leute zugehen kann.

MANDY: Von anderen Menschen skeptisch beäugt und verdächtigt zu werden ist wirklich unangenehm. Aber noch schlimmer wird es, wenn einem wirklich etwas zustößt. Bei dir wurde mal eingebrochen?
JANE: *Ja, das war in Spanien, während wir wandern waren. Als wir zurückkamen, war die Scheibe auf der Beifahrerseite kaputt und drinnen ein heilloses Durcheinander. Doch außer meinem Portemonnaie mit den Papieren fehlte nichts. Die Einbrecher waren wohl in Eile, ich vermute, irgendjemand ist vorbeigekommen und hat sie mit seiner Anwesenheit vertrieben. Es war eine spontane Aktion.*

MANDY: Es ist wirklich übel zu wissen, dass jemand im eigenen Zuhause war und alles durchwühlt hat. Seit fast drei Jahren lebst du inzwischen in deinem Camper. Wo wart ihr schon überall und wie finanzierst du dein Leben unterwegs?
JANE: *Auf unserer ersten Tour ging es nach Portugal, zuletzt waren wir hauptsächlich in Spanien, die meiste Zeit davon bei Nerja an der Costa del Sol. Meiner Tochter hat es dort sehr gefallen. Sonntags haben wir dann auf dem Flohmarkt Schmuck und Trödel verkauft. Ich arbeite hauptsächlich als Fotografin. Landschaften, Portraits, Gebäude, Eventdokumentation und Produkte sind mein Steckenpferd. Außerdem mache ich Makramee-Schmuck mit Baumperlen, rohen und geschliffenen Mineralien im eigenen Stil. Später sind Vorträge über mein Leben, meine Abenteuer und meine Erfahrungen im Wohnmobil geplant.*

Die Aussicht aus dem Fenster von Janes Zuhause

Lilli

» *Mach es einfach, du wirst sehen, es geht und deine persönliche Freiheit ist einfach unbezahlbar. Ich empfinde eine ganz große persönliche Freiheit dabei, dieses Leben so allein für mich leben zu können. Ich muss mich mit niemand abstimmen und kann einfach aus meinem Bauch heraus entscheiden, was ich als Nächstes machen möchte.*

Lilli (62) fährt bereits seit vielen Jahren im Campervan durch die Welt. 2001 beschloss sie gemeinsam mit ihrem damaligen Partner, in einen Campervan zu ziehen und möglichst permanent unterwegs zu sein. Die folgenden zehn Jahre bereisten sie zusammen Europa, Australien und Afrika. Während dieser Zeit hat Lilli erkannt, dass dies die Art ist, wie sie leben möchte: nomadisch und mit der Möglichkeit, jederzeit den Zündschlüssel herumdrehen zu können, wenn sie die Reiselust packt.

Seit der Trennung von ihrem Partner 2012 lebt Lilli weiterhin allein im Campervan und reist entweder mit dem kleinen Hymer-Camper durch Europa oder mit ihrem Toyota Land Cruiser durch Afrika, ihren Herzenskontinent. Das klingt sehr spannend, Lilli hat schon einiges mehr erlebt und gesehen als ich.

Nach ihren Lieblingsländern gefragt, sagt sie: »Schön, dass du nach Lieblingsländern im Plural fragst, denn jedes Land hat seine ganz eigenen Schönheiten. Mein Herz schlägt für Ostafrika – Tansania und Kenia verbinden für mich landschaftliche Schönheit und Abwechslung: von hohen Bergen wie dem Kilimandscharo bis hin zu Wüste und Regenwald und herrliche tropische Küsten mit einem großen Wildtierreichtum und damit grandiosen Safarierlebnissen. Auch Uganda ist toll, es vereint für mich das bunte zentrale Afrika mit seiner fruchtbaren roten Erde und den grünen Urwäldern mit den endlosen Savannen des afrikanischen Grabenbruchs. Dann Zimbabwe, ich liebe dieses Land mit seinen freundlichen Menschen, die sich trotz aller Schwierigkeiten immer wieder aufrappeln und ihr Land zu einer Perle in Afrika werden lassen. Zimbabwes Nationalparks zählen für mich zu den schönsten in Afrika.

Botswana mag ich, weil es das Land der Elefanten ist, diese Tiere und ihr Sozialverhalten zu beobachten begeistert mich und in keinem anderen Land in Afrika ist es so einfach, viel Zeit mit ihnen fast hautnah zu verbringen.

Dann Malawi, geprägt von dem gleichnamigen See; es ist sehr entspannend, dort zu reisen und von Ausflügen in den Bergen oder den tierreichen Sümpfen immer wieder an seine Ufer zurückzukehren und einfaches Strandleben inmitten der ursprünglichen Bevölkerung zu genießen. Und natürlich Namibia und

Weltenbummlerin Lilli reist am liebsten mit ihrem Toyota.

Südafrika, dort ist es so einfach zu reisen, weil es fast an jeder Ecke alles gibt und man so ganz entspannt alle touristischen Schönheiten erobern kann. Du siehst, es gibt kein Lieblingsland als solches, Afrika vereint so viel für mich und in jedem Land ist es spannend.«

MANDY: Das klingt ja traumhaft und macht Lust auf Afrika! Wie empfindest du inzwischen das Alleinreisen?
LILLI: *Ich empfinde eine ganz große persönliche Freiheit dabei, dieses Leben so allein für mich leben zu können. Ich muss mich mit niemand abstimmen und kann einfach aus meinem Bauch heraus entscheiden, was ich als Nächstes machen möchte. Es ist sozusagen die Quintessenz meiner Reisewünsche, die ich über die Jahre zusammen mit meinen Partnern entwickelt habe. Das Sahnehäubchen auf dem Kuchen oder das Quäntchen Salz in der Suppe meiner ureigenen Reiselust und der größte persönliche Luxus der Freiheit für mich. Außerdem ist dies eine Art Leben, welches ich mir leisten kann, ohne permanent dafür arbeiten zu müssen.*

MANDY: Gibt es für dich auch Nachteile, die das Reisen allein als Frau erschweren?
LILLI: *Ich reise ja mit meinem eigenen Fahrzeug und bin in der Hinsicht auch für alles Technische allein verantwortlich. Hier fehlt mir die in Anführungsstrichen »männliche Selbstverständlichkeit«, technische Probleme schnell und richtig zu erkennen und gegebenenfalls selbst reparieren zu können. Das empfinde ich als eine Bürde. Da ich mit älteren Autos unterwegs bin, wird mir in der Hinsicht einiges vor die Füße geschmissen. Aber ich bin dickköpfig genug, mein Nomadenleben auf diese Weise durchzuziehen, es kostet mich aber auch eine Menge Lehrgeld.*

MANDY: Du warst bereits in vielen Ländern unterwegs, vor allem in Afrika. Musstest du mal irgendwo schlechte Erfahrungen machen?
LILLI: *Konkret bedroht wurde ich noch nie. Nur einmal in Griechenland hatte ich eine komische Situation, wo ich dann auch noch nachts von meinem »wilden« Stellplatz geflüchtet bin. Ich stand im Wald hinter einer heruntergekommenen Anlage von heißen Quellen. Dort konnte ich direkt von einem Quellteich durch den kalten Fluss in meinen Campervan waten. Eigentlich ideal, aber das Fortkommen von dort in einer brenzligen Situation war eher schlecht, enge Zufahrt und so weiter. Am Abend lungerten plötzlich zwei Männer um meinen Van, rauchten, lehnten sich sogar an den Kühler. Und ich war allein im Wagen. Nun startete das Kopfkino: Was wollen die, warum bleiben die, worauf warten die? Leider wurde es dunkel und ich hatte nicht mehr den Mumm, einfach rauszugehen und zu fragen, wobei wahrscheinlich eh Sprach-*

Lilli genießt die Freiheit des Alleinreisens – am liebsten irgendwo in Afrika.

TOYOTA

TOYOTA

PIRE
OUT POST
42KM
APOKA
40KM

schwierigkeiten bestanden hätten. Also habe ich gewartet und als es richtig dunkel war und die immer noch um den Wagen herumstanden, beschloss ich wegzufahren. Der Camper hat einen Durchgang, ich konnte also nach vorn ins Führerhaus, schaltete das volle Licht an, hupte und startete den Wagen. Die beiden sprangen sofort weg und ich konnte im Dunkeln nicht sehen, wohin sie entschwanden. Aber einfach wegfahren war schwierig, denn ich musste im Wald wenden, mit Löchern und rutschigem Boden, und durch den Fluss auf einer Furt fahren. Ich hatte ganz schön Angst, aber wie gesagt: Kopfkino, passiert ist ja nichts. Allerdings bin ich die nächsten Tage immer zum Übernachten woandershin gefahren und war nur noch tagsüber an der Quelle.
In Afrika habe ich noch keine schlechten Erfahrungen gemacht, im Gegenteil. Da ich nun schon älter bin, bringt man mir dort sehr viel Respekt entgegen.
Was mich ein bisschen nervt, sind die dauernden Fragen, warum man allein unterwegs ist. Ich nehme das dann mit Humor und mache Witze draus.

MANDY: Diese Frage höre ich auch dauernd. Ich antworte gern mit einer Gegenfrage: »Warum nicht?«

Lilli unterwegs im Kidepo Nationalpark, Nord Uganda an der Grenze zum Südsudan.

LILLI: *In Afrika ist es witzig, denn dort wäre es normal, einen »Begleiter« zu engagieren, der einem Verpflichtungen wie Fahren, Kochen etc. abnimmt. Aber ich weise immer darauf hin, dass mein Begleiter auch die Hälfte der Kosten wie Sprit, Fahrzeugwartung, Unterkunft, Verpflegung übernehmen müsste, und ganz schnell folgt ein Rückzieher der »lieb gemeinten« Angebote.*

MANDY: Seit 2012 bist du inzwischen allein unterwegs. Wie finanzierst du dein Nomadenleben?
LILLI: *Ich arbeite von Zeit zu Zeit als Lodge- oder Campmanagerin in Afrika. Da dies aber aufgrund von Visabestimmungen immer schwieriger wird, hoffe ich entweder auf einen Einfall, als digitale Nomadin zu arbeiten, oder als »Reisefreundin« gegen Bezahlung andere alleinstehende Frauen auf Reisen in Afrika zu begleiten, die sich das selbst nicht zutrauen. Ansonsten reise ich noch aus Ersparnissen.*

MANDY: Die Idee der »Reisefreundin« finde ich super! Das würde ich in einigen Ländern sicher auch gern in Anspruch nehmen. – Hast du zum Abschluss noch einen Rat, den du anderen alleinreisenden Frau mitgeben möchtest?
LILLI: *Mach es einfach, du wirst sehen, es geht und deine persönliche Freiheit ist einfach unbezahlbar. Die Alternative, zu Hause sitzen zu bleiben oder mannigfache Kompromisse machen zu müssen, ist eben keine. Und mittlerweile sind wir Frauen als Solistinnen so gut vernetzt, gemeinsam sind wir dann stark.*

Kerstin

> *»Mobil zu sein ermöglicht es mir beispielsweise, im Winter der Sonne nachzureisen. Ich liebe die Wärme und das Leben draußen.«*

Kerstin (46) reist seit 2018 zusammen mit ihrem Hund Lenny in einem Kastenwagen namens Samson durch Europa. Nach der Trennung von ihrem damaligen Partner standen 2018 einige Veränderungen für sie an. Kerstin zog aus dem gemeinsamen Haus aus, hatte jedoch wenig Lust, sich auf Wohnungssuche zu begeben. Außerdem wollte sie die Gelegenheit nutzen, ihr Leben endlich nach eigenen Wünschen zu gestalten. Wie das genau aussehen sollte, wusste sie zu diesem Zeitpunkt jedoch nicht genau. Also kündigte Kerstin ihren Job, kaufte sich ein Wohnmobil und begab sich auf Reisen mit dem Ziel, das Leben zu finden, das sie wirklich leben möchte. Genau dafür nimmt sie sich jetzt die Zeit, die sie braucht.

MANDY: Inzwischen bist du seit über einem Jahr unterwegs. Bietet das Vanlife dir das, was du suchtest?
KERSTIN: *Die großen Unterschiede zu meinem bisherigen Leben sind natürlich die Mobilität und die Größe des Wohnraums. Mobil zu sein ermöglicht es mir beispielsweise, im Winter der Sonne nachzureisen. Ich liebe die Wärme und das Leben draußen. Ich verbringe viel mehr Zeit in der Natur als früher. Das genieße ich sehr. Und die Spaziergänge mit meinem Hund Lenny sind viel abwechslungsreicher, weil wir oft unseren Standort wechseln. Außerdem habe ich in den letzten Monaten unglaublich viele und tolle Menschen kennengelernt. Oft bin ich auch allein – auch das genieße ich inzwischen sehr. Schön ist, dass ich weniger Zeit für Aufräumen und Putzen benötige. Zwölf Quadratmeter sind einfach viel leichter in Ordnung zu halten als 120 Quadratmeter. Alles hat seinen Platz und ich habe genau die Dinge um mich herum, die ich brauche. Das entspannt mich. Darüber hinaus genieße ich es, immer alles dabeizuhaben. Ich lebe quasi in einer großen Handtasche.*

Kerstin ist während ihrer Reise dabei, sich ein neues Business aufzubauen, das ihr ein ortsunabhängiges Leben ermöglicht. Aktuell finanziert sie ihr Leben im Van noch aus Mieteinnahmen und Ersparnissen. Was Kerstin anderen Frauen mit auf den Weg ins mobile Leben geben möchte: »Einfach loslegen! Wenn es dein Traum ist, dann verbringe nicht zu viel Zeit mit dem Planen. Sprich mit Leuten, die das bereits tun, was du tun willst. Und halte dich von den Zweiflern fern, die in ihrer Box leben und da vielleicht nie rauskommen werden.«

Immer der Sonne hinterher – Kerstin ist glücklich in ihrem rollenden 12qm Zuhause.

www.caramobil.de
78333 Stockach

KYROS
KYROS 2

Lisa

»Das Alleinsein ist eine super Übung, die eigenen Gefühle wahrzunehmen und zu fühlen und sich somit auf die Reise zu sich selbst zu begeben.

Lisa (31) lebt seit 2016 im Campervan. Sie startete dieses Abenteuer auf dem Weg in die Türkei. Als ehemalige Lehrerin verhilft sie mittlerweile anderen Beamten zu mehr Zufriedenheit im Leben und bietet online Sprachkurse und Nachhilfe an.

MANDY: Wie kamst du auf die Idee, in einen Campervan zu ziehen?
LISA: *Die Idee, mir ein Wohnmobil zu kaufen, war eine fixe Idee, die sich im Nachhinein als goldrichtig erwiesen hatte. Genauso ließ mich der Gedanke, im Wohnmobil zu leben, nicht mehr los, nachdem ich beim Lesen unzähliger Vanlife-Blogs davon erfahren hatte, dass es Menschen gibt, die im Camper leben. Im Sommer 2016 startete ich dann endlich dieses Abenteuer, in der Türkei.*

MANDY: War das deine erste Reise allein im Camper? Hattest du Bedenken vor der Abfahrt?
LISA: *Ich hatte bereits kleinere Urlaube sowie eine fünfwöchige Kroatien-Reise hinter mir. Da mich mein Bruder, Ingenieur und Hobby-Schrauber, auf der Reise in die Türkei begleitete, hatte ich kaum Bedenken. Gespannt war ich trotzdem auf uns bisher unbekannte Länder wie Albanien und Montenegro. Natürlich hofft man auch immer, dass an den Grenzen alles gut läuft und beim Freistehen nichts passiert. Es ist alles gut gegangen.*

MANDY: Du bist ebenfalls in einem fertig ausgebauten Fiat Ducato unterwegs. Bist du zufrieden damit oder würdest du gern etwas ändern?
LISA: *Dieser Kastenwagen ist mein zweites Wohnmobil und meine zweite Wohnung auf Rädern. Umrüsten werde ich definitiv noch auf eine Trockentrenntoilette, um länger autark zu sein. Wo ich leider nichts optimieren kann, ist die kaum vorhandene Dämmung. Außerdem stört mich die nicht vorhandene Bodenfreiheit. Da ich fast immer frei stehe, fahre ich auch gern in unwegsames Gelände – das hat mein Alkovenwohnmobil viel besser mitgemacht. Ansonsten kann mein Kasten es ganz gut ab, dass er seit mehr als einem Jahr meine Wohnung ist, und ich bin im Großen und Ganzen sehr zufrieden mit ihm.*

MANDY: Wie gefällt dir das Leben unterwegs? Fehlt dir manchmal ein Partner?
LISA: *Ich mag es sehr gern, allein unterwegs zu sein. Natürlich gibt es Situationen, in denen man sich wünscht, zu zweit zu sein oder*

Lisa reist ebenfalls alleine im Kastenwagen durch Europa, ihre erste Reise führte sie in die Türkei. Die Reiseroute kannst du in Teil 3 des Buches nachlesen (ab Seite 250).
Unten: Dennis Brandt Photographie

manche Erfahrungen mit jemandem teilen zu können – schöne wie unangenehme.
Manchmal muss ich mich aus meiner Komfortzone bewegen in Situationen, die sich zu zweit »sicherer« anfühlen würden. Aber es lohnt sich. Außerdem wäre oft ein Ein- und Ausweiser sehr hilfreich, damit alles am Kasten heile bleibt. Man muss sich eben um vieles allein kümmern, wenn man allein reist. Manches dauert dadurch einfach etwas länger.
Was sonstige Aktivitäten angeht, ist es manchmal besser, nicht allein zu sein: auf dem einsamen Klettersteig zum Beispiel oder kürzlich beim Kitesurfen-Lernen, wo man manche Übungen zu zweit auch ohne den Trainer weiterüben könnte. Wobei auch das Situationen sind, die man einfach dazu nutzen kann, mit anderen Menschen in Kontakt zu kommen.
Als großen Vorteil sehe ich die Möglichkeit, viel Zeit mit mir zu verbringen, wenn ich es möchte bzw. brauche. Das tue ich gern und ist elementar wichtig, damit es mir gut geht und ich weiß, was ich will.

MANDY: Das Alleinreisen genieße ich auch total. Was empfiehlst du Frauen, die gerade am Anfang ihrer Reise stehen?
LISA: *Ein Tipp, auf den ich selbst öfter hören sollte: Geh auf andere zu. Die Erfahrungen, die entstehen, wenn man offen ist für Neues, können ein großes Geschenk sein. Wenn Frauen allein reisen, haben sie den wichtigsten Schritt schon gemacht: losfahren. Und was immer wichtig ist: aufs Gefühl hören. Nicht nur, wenn es beispielsweise um einen Übernachtungsplatz geht. Gerade das Alleinsein ist eine super Übung, die eigenen Gefühle wahrzunehmen und zu fühlen und sich somit auf die Reise zu sich selbst zu begeben.*

Der Alltag im Van – Lisa sorgt für Wassernachschub, hier noch unterwegs in ihrem ersten Wohnmobil, bevor sie in ihren Kastenwagen umzog.

KNOCHEN.
"HAPPINESS IS ONLY REA
WHEN SHARED"
DAVERT

Liselle

»Ich liebe das Leben im Van so sehr und ich würde sagen, dass ich es mir wohl gar nicht so schön hätte vorstellen können, wie es jetzt ist.«

Liselle (30) lebt seit Juni 2018 in ihrem Campervan. Der Weg vom Vanlife-Traum bis zum Einzug in den Van war ein langer Prozess. Begonnen hat es bei Liselle mit dem Träumen, wie herrlich unbeschwert es doch sein muss, immer direkt draußen in der Natur sein zu können und verschiedene Orte auf sich wirken zu lassen. Nachdem sie zunächst einige Varianten ausprobiert hatte, zum Beispiel einen Hochdachkombi als provisorische Schlafmöglichkeit, tastete sie sich an den großen eigenen Campervan heran, der auch Kochen und Entspannen, ja das Leben in dem Fahrzeug möglich machen sollte. Und so kam er in ihr Leben: ein alter Krankentransportwagen. Diesen baute Liselle mithilfe ihres Vaters zu ihrem Lebensraum um.

MANDY: Wie wird aus einem alten Krankentransportwagen ein Lebensraum?
LISELLE: *Ich hatte Glück, dass mein Ford Transit bereits aus zweiter Hand kam und somit bereits die Zulassung als Lkw und nicht mehr als Sonderfahrzeug hatte. Somit ersparte ich mir etwas bürokratischen Aufwand. Es waren auch schon alle Einrichtungsgegenstände wie Krankenliegen und so weiter entfernt, das heißt, ich hatte einen leeren Raum, den ich nun ausbauen und gestalten konnte. Ich nahm mir zweimal eine Woche Zeit und fuhr mit Ideen und Schaffenslust zu meinem Vater, der Platz und Werkzeug hat und mir bei allem zur Seite stand. Zuerst rissen wir die Verkleidungen heraus, entdeckten, dass im Dach ein paar Löcher sind, und verschlossen diese. Es folgte eine Grundreinigung und die Isolierung des Fahrzeuges. Außerdem wollte ich auf Anraten eines Bulli-Freundes unbedingt ein Dachfenster, weil genügend Licht einfach viel mehr Wohlbefinden spendet.*
Im zweiten Teil kam dann das Tetris-Puzzle-Spiel aus recycelten Möbeln, was auch zentimetergenau funktionierte. Ein altes Regal wurde zum Bett, mein altes Bett aus dem Hochdachkombi-Vorgänger wurde zur Küchenzeile, alte Bretter in der Garage meines Vaters wurden zu Regalen und ein ausrangierter TV-Tisch wurde zu meinem Arbeitsplatz im Bus. Passgenau fand auch ein antiker Toilettenstuhl aus meinem Vorbesitz seinen edlen Platz und fungiert auch als Bürosessel, Lümmelcouch und Abstellfläche. Ich bin heute immer noch erstaunt, wie optimal alles da rein- und zusammenpasst.
Kurz bevor ich dann letztes Jahr meine erste große Reise mit dem Mobil startete, traf ich zufällig zwei Freunde in Görlitz, meiner Heimat, welche mich beim Montieren der

Liselle ist als Künstlerin im Van unterwegs, macht Feuershows oder verkauft selbstgemachten Schmuck.

Solaranlage unterstützten. Es war eine von vielen Begebenheiten, die meine Reise so vollkommen machten, weil ich die beiden dann ein paar Wochen später in Portugal besuchte, wohin sie bereits vor drei Jahren ausgewandert waren.
Jetzt, wo ich mich auf die kommende Saison vorbereite, einiges aussortiert und Neues dazubekommen habe, verändert sich der Wagen noch einmal neu. Ich habe einen Schrank für Kleidung eingebaut und Kleinigkeiten verändert. Ich liebe es, meinen Van schön herzurichten und mich dann zurückzulehnen und die Atmosphäre zu genießen.

MANDY: Fiel dir der Abschied aus deiner alten Heimat eigentlich schwer?
LISELLE: *Nicht wirklich, denn gehalten hat mich an meinem Heimatort nicht mehr viel, da ich zuvor auch in eine andere Stadt umgezogen war und mich so schon im Loslassen üben konnte. Meine Freunde trage ich im Herzen und sie freuen sich für mich und auch über die Geschichten, die ich bei einem Heimatbesuch mitbringe.*
Ich bin sehr gern in Görlitz, aber dann zieht es mich auch schnell wieder raus in die weite Welt. Sie hat so viel unfassbar Schönes zu bieten und ich kann mich dadurch auch besser kennenlernen. Es gibt für alles die richtige Zeit im Leben. So gab es auch eine ganz wunderbare Zeit in meiner Heimat, wo ich mich ausleben konnte und erfüllt war mit dem, was ich dort erschaffen konnte. Und jetzt ist eine andere Zeit mit anderen wunderbaren Qualitäten.

MANDY: Reist du gern allein?
LISELLE: *Ja und nein. Es kommt für mich auf die Situation an. Generell bin ich ein eher introvertierter Mensch, der viel Zeit für sich braucht. Ich liebe die Ruhe und Stille und vor allem diese unglaublich kraftvolle Natur. Da lasse ich mich am liebsten einfach treiben und genieße es, mich mit niemandem absprechen zu müssen, wenn ich mich für einen Weg entscheide, der sich für mich gerade stimmig anfühlt. In der Natur fühle ich mich auch gar nicht so allein, sondern viel mehr mit allem um mich herum verbunden als zum Beispiel im Alltagstrott. Außerdem habe ich ja meine Seelengefährtin Jedda in Form einer treuen Hündin dabei. Ohne sie würde ich mich ganz sicher manchmal einsam fühlen.*
Es gibt aber gerade auf Reisen diese besonderen Begegnungen, abends auf dem Stellplatz, wo man sich mit Gleichgesinnten super unterhalten kann und gemütlich in die Nacht hinein philosophieren kann, was ich auch sehr genieße! Ich brauche das ab und zu, zum Beispiel, um neue Denkanstöße zu bekommen oder einfach für eine schöne Erinnerung an einen geselligen Abend.
Eine wieder andere Seite ist, dass ich von einer längeren Reise in den Fernen Osten träume und mir noch nicht so sicher bin, ob

Einblick in Liselle's Zuhause, ihre Musikinstrumente sind natürlich immer mit dabei.

und wie ich das allein plane. Ich durfte auch die Erfahrung machen, mit einem Freund zu reisen. Das macht natürlich vieles einfacher, was die täglichen Erledigungen angeht, und ja, auch das Sicherheitsgefühl ist dann anders, als abends allein im Bus zu schlafen in einer Gegend, die vielleicht einen nicht so guten Eindruck macht. Und es ist schön, gemeinsam neue Städte zu entdecken, zu reden, zusammen zu kochen und alles miteinander zu teilen und sich an eine schöne gemeinsame Zeit erinnern zu können.

MANDY: Was war bisher das Highlight deiner Reise?

LISELLE: *Uff, ich musste sehr lange über diese Frage nachdenken und bin auch jetzt noch nicht zu einer Entscheidung gekommen. Letzten Sommer habe ich so wahnsinnig viele Sachen erlebt, die alle auf ihre Art wunderwunderschön waren.*

Landschaftlich war im wahrsten Sinne des Wortes das bisher »höchste Licht« für mich auf dem Umbrail-Pass zwischen Italien und der Schweiz. Und ich bin außerordentlich stolz darauf, dass es mein alter, guter Wagen so ausdauernd dort hinauf geschafft hat. Das Klima, die Aussicht, die Klarheit, die Wolken, diese Weite und die Luft, die Teiche, die Sonne. Wow! Es hat mich einfach nur glücklich gemacht, an diesem Ort zu sein und all das wahrzunehmen.

Aber es gab auch sehr schöne Glücksfälle, die allesamt eine Reihe von Highlights für mich bereithielten. So traf ich mehr oder weniger zufällig ein paar meiner Freunde in Marokko, Spanien und Portugal. Das ist natürlich ein superschönes Gefühl, an einem unbekannten Ort vertraute Gesichter zu treffen und ein paar Tage miteinander zu verbringen, Geschichten zu erzählen und etwas Urlaub zu machen. Wie zum Beispiel in Portugal, an der Algarve, wo ich Roman, einen Freund aus meiner Heimatstadt, in Tojeiro traf, weil er dort gerade einen Monat als Volontär mithalf. So war ich gleich Teil dieser stetig neuen Gemeinschaft geworden und fühlte mich bei der Friday-happiness-Party dazu berufen, etwas für die Crew beizutragen. Also habe ich für Stimmung mit Facepainting gesorgt. Das gab ein richtig schönes Gemeinschaftsgefühl und überhaupt habe ich mich in dieser Ecke sehr zu Hause gefühlt. Ich glaube nicht, dass ich das letzte Mal dort war.

Absolutes Highlight war auch, meine liebe Freundin Cindy in Marokko zu treffen und mit ihr vier Tage Roadtrip durch Marokko mit gefühlten drei Wochen Leben zu füllen.

MANDY: Neben den schönen Momenten auf Reisen gab es vermutlich auch mal doofe Situationen, oder?

LISELLE: *Ja, auf jeden Fall. Es wäre eine Illusion, wenn man denkt, beim Vanlife ist immer alles schick. So wunderschön es auf dem Umbrail-Pass auch war, gab es bei der Abfahrt mit dem Bus Probleme, denn die Bremse war der 2500 Meter langen Abfahrt nicht gewachsen. Die Bremsflüssigkeit fing an zu verkochen und die Bremse versagte letztendlich. Das war ein ziemliches Abenteuer, da wieder runterzukommen, denn der ADAC konnte meinen* *hohen Wagen nicht auf das Abschleppgefährt aufsatteln, sondern nur hinten dranhängen. Da wurden die engen Serpentinen zu einer ordentlichen Portion Nervenkitzel! Zum Glück war ich bei dieser Erfahrung nicht allein unterwegs, sondern hatte jemanden dabei, der mir half, nicht völlig in Panik auszubrechen.*

MANDY: Du bist als Künstlerin unterwegs im Van. Kannst du davon leben?
LISELLE: *Nein, leider reicht das, was ich als Künstlerin verdiene, nicht aus, um alle Kosten zu decken. In Spanien hatte ich einen Feuershow-Auftritt bei einem Künstlerfestival. In Portugal hatte ich ein paarmal einen Stand mit selbst gemachtem Schmuck und dem Angebot, Dreads zu häkeln. Ich fuhr im Herbst dann nach Deutschland zurück, weil sich mein Erspartes so langsam dem Ende zuneigte und auch der Wagen neuen TÜV benötigte. Also habe ich mir einen Job in meinem erlernten Beruf – Krankenschwester – gesucht und ein halbes Jahr gearbeitet, um die Kasse wieder aufzufüllen. Den Sommer über werde ich in Deutschland auf Festivals und auf einem Campingplatz arbeiten. Dann sollte es wieder für ein paar Monate Reisen ausreichen.*

MANDY: Ist das Leben im Van für dich so, wie du es dir vorgestellt hast?
LISELLE: *Hm, also ich muss sagen, dass ich mir, bevor ich etwas Neues beginne, meistens wenig Gedanken darüber mache, wie es am Ende ist. Ich wusste, dass ich es toll finde, unabhängig zu sein und überall einen Schlafplatz zu haben, wo ich auch bin. Ich bin generell auch sehr gern unterwegs und brauche immer mal wieder neue Eindrücke, also ist es für mich die passendste Form für meine aktuelle Situation gewesen. Ich liebe das Leben im Van so sehr und ich würde sagen, dass ich es mir wohl gar nicht so schön hätte vorstellen können, wie es jetzt ist.*

MANDY: Dein Tipp für alle Frauen, die auch gern ins Vanlife starten wollen?
LISELLE: *Ich fand es manchmal sehr verwunderlich, wie sich andere Menschen so einmischen in die Lebensweise anderer. Als ich bei meiner Versicherung war, um meinen »Lkw« anzumelden, habe ich ganz komische Blicke und Fragen gestellt bekommen, zu was ich denn das bräuchte, und wurde belächelt, als ich erzählte, was ich vorhabe. Ich habe das so stehen lassen und es war mir mittlerweile egal, was andere Leute über mich denken. Ich wusste, was ich will, und habe es auch vollbracht und meinen Bus zu einem wunderschönen Heim umgebaut. Wir sind nun schon über 25 000 Kilometer zusammen unterwegs gewesen. Ich möchte damit sagen: Wenn du den Wunsch, die Vision hast, egal, wie es auch aussehen soll, so glaube an dich und höre deinen Ruf. Tu es!*

Miriam

»Ich liebe es, allein unterwegs zu sein, nur mit meinem Hund. Ich muss mich mit niemandem absprechen, kann spontane Entscheidungen treffen oder gar wieder verwerfen, esse wann und was ich will und lerne mich selbst immer wieder anders kennen.«

Miriam (46) ist mit Camping im Wohnwagen groß geworden und lebt heute ihren Lebenstraum: Gemeinsam mit ihrer Hündin Masha (10) wohnt sie seit 2017 in ihrem Campervan. Ihr Normadenleben begann jedoch schon viel früher. Nachdem Miriam sich 2008 von ihrem damaligen Freund getrennt hatte, fühlte sie sich so befreit, dass sie endlich den Mut aufbrachte, sich einen Traum zu erfüllen: Schon lange wollte sie für mindestens sechs Monate mit einem alten Bulli verreisen, ihr Fernweh war stets riesengroß. Den passenden VW-Bus, einen T3, hatte sie sich längst gekauft und innerhalb einer Woche war die Entscheidung gefallen. Sie kündigte ihr WG-Zimmer und ihre unbefristete Stelle als Rechtsanwalts- und Notarangestellte und ohne größere Planung brach sie auf in ihr vermutlich größtes Abenteuer. Ihr erstes Ziel war Serbien, es folgten der gesamte Balkan, die Türkei und Italien.

Sehr schnell wusste Miriam, dass sie nie wieder zurück in ihr altes Leben kann, denn sie verliebte sich von Anfang an in diese Art des Reisens: frei und unabhängig mit einem alten charmanten Bus zeitlos durch die Lande tuckern. Ihr Lebenstraum war geboren und sie mutierte zur rastlosen Nomadin.

2011 folgte eine fast einjährige Reise ohne Bus, denn Miriam hatte den Minimalismus entdeckt und so zog sie nur mit Rucksack, Zelt und Hund Masha durch Spanien und Portugal, wo sie unter anderem den Jakobsweg lief. 2014 und 2015 folgten nochmals jeweils mehrere Monate Nomadenleben in der Slowakei, in Ungarn und Rumänien sowie an der Algarve in Portugal.

Im Januar 2017 zog es Miriam wieder nach Spanien und Portugal. Ein Schlaganfall warf sie im Sommer 2018 aus der Bahn, es folgten harte Monate der Erholung und körperlichen Wiederherstellung in Portugal. Erst im Mai 2019, nachdem sie sich im sonnigen Andalusien körperlich und seelisch weitestgehend von den Folgen des Schlaganfalls erholen konnte, fuhr Miriam ins heimatliche Münsterland zurück.

MANDY: Eine schwere Krankheit ist vermutlich das Schlimmste, was einem unterwegs passieren kann. Super, dass du dich davon nicht ausbremsen lässt! – Was bedeutet für dich das Alleinreisen als Frau?

Seit 2017 wohnt Miriam zusammen mit ihrer Hündin Masha im Campervan. Sie ist gerne allein unterwegs und genießt ihre Freiheit.
Unten rechts: Für Miriam ist Nordmazedonien ein landschaftliches Highlight.

MIRIAM: *Ich liebe es, allein unterwegs zu sein, nur mit meinem Hund. Ich muss mich mit niemandem absprechen, kann spontane Entscheidungen treffen oder gar wieder verwerfen, ich esse, wann und was ich will, und ich lerne mich selbst immer wieder anders kennen. Ich hab auch nie Probleme damit gehabt, allein als Frau unterwegs zu sein. Sechs Monate war ich in der Türkei unterwegs und es ist nie etwas passiert. Was generell ein Albtraum ist beim Alleinreisen, egal ob Mann oder Frau, sind Krankheitsfälle, wo es ohne Krankenhaus nicht geht. Nach meiner Erfahrung öffnet sich jedoch immer eine Tür und es gibt für jedes Problem sofort eine Lösung. Vertrauen ist wichtig.*

MANDY: Du warst ja bereits viel unterwegs. Hast du einen Lieblingsort oder ein Lieblingsland, wo du gern noch mal hinfahren möchtest?
MIRIAM: *Eigentlich war es überall schön. Wir leben in einer wunderschönen Welt, was wir leider nur allzu oft in unserer schnelllebigen Zeit vergessen bzw. nicht mehr wahrnehmen. Allein in Europa gibt es so unglaublich viele faszinierende Orte, Länder, Menschen, Kulturen und Mentalitäten und man müsste jahrelang unterwegs sein, um das alles zu entdecken und aufzunehmen.*
Definitiv habe ich das Reisen in der Türkei geliebt, sowohl die Menschen wie auch die Natur. Nordmazedonien hat mein Herz völlig unerwartet im Sturm erobert und genau wie in der Türkei verliebte ich mich prompt in Land und Leute. Da ich Bosnien und Bulgarien auch sehr geliebt habe, kann ich wohl sagen, dass Osteuropa mein Favorit ist.

Miriam finanziert sich ihr Leben im Campervan von erspartem Geld, das sie entweder beim Arbeiten in Deutschland verdient oder unterwegs durch den Verkauf von selbst gemachtem Schmuck und anderen Sachen auf Flohmärkten. Zusätzlich nutzt sie die Angebote, gegen Kost und Logis zu helfen, zum Beispiel bei der Oliven- und Orangenernte oder in Pilgerherbergen am Jakobsweg. Ihr Tipp für die Frauen, die ebenso ins Vanlife starten möchten: »Den Mutigen gehört die Welt. Trau dich. Hab Vertrauen in dich und deine Fähigkeiten, vertraue deinen Schutzengeln und dem Universum. Respektiere die Sitten und Gebräuche der Länder, auch mit deiner Kleidung. Wenn du gern frei stehst, suche immer bei Tageslicht einen Stellplatz.«

Ein weiteres Reiseziel ist für Mariam die Türkei. Auch dort findet man immer wieder einsame Standplätze.

Nadia

»Es ist schön zu wissen, dass mir mein Zuhause immer folgt, dass ich frei und weitgehend unabhängig bin.« »Das Reisen und Leben im Bus ist überwiegend schön, kann aber durchaus auch mal belastend, anstrengend oder einfach nur öde sein.«

Nadia (40) arbeitete elf Jahre lang als Lehrerin in einer Hauptschule, bis sie die Nase davon voll hatte – ihre Energiereserven waren komplett aufgebraucht und eine Veränderung musste her. Heute sagt sie: »Ich blicke auf sehr interessante, lehrreiche, lustige, schöne, persönlichkeitsbildende und gute Jahre an dieser Schule zurück. Aber es war auch eine überaus anstrengende, unfassbar kräftezehrende Zeit, die mich bis an den Rand meiner Möglichkeiten, darüber hinaus und ganz nah an ein Burn-out brachte.«

MANDY: Und dann kam dir die Idee, ein Sabbatjahr einzulegen. Wie hat das Ganze funktioniert?

NADIA: *Sehr spontan, und weil es ein Kollege auch tat, habe ich mich für ein Sabbatjahr entschieden. Es sollte schnell gehen, daher die kurze und harte Variante: ein Jahr voll arbeiten bei halbem Gehalt und dann ein Jahr frei bei halbem Gehalt. Ich gründete auch eine Wohngemeinschaft, da ich mir die Miete für meine viel zu große Wohnung mit 98 Quadratmetern nicht mehr leisten konnte. Dazu kamen noch sechs Wochen ohne Wohnung, in denen ich bei meiner Familie unterkam.*

MANDY: Du hast dir einen Fiat Ducato gekauft und für deine Bedürfnisse ausgebaut. Wie verliefen die Vorbereitung und der Umzug in den Van?

NADIA: *Mein Hab und Gut ist bei meiner Mutter und meiner Zwillingsschwester untergebracht, teilweise in der WG geblieben, verliehen, verschenkt, verkauft und entsorgt worden. Herrlich, dabei zuzusehen, wie es immer weniger wurde.*

Seit dem 14. Dezember 2018 lebe ich im Van, der im Übrigen keinen besonderen Namen hat, sondern liebevoll und wie viele andere Fahrzeuge »Bus« genannt wird. Mein Sabbatjahr begann schon am 25. Juni 2018. Bevor ich aber endlich losfahren konnte, nahm eine nicht enden wollende Pleiten, Pech- und-Pannen-Serie ihren Lauf. Dazu gehörten unvollständige Bauteillieferungen, etliche Werkstattbesuche, weil der Bus nicht richtig fuhr, die Hitze, ein Hundebiss, umgeknickter Fuß und so weiter. Und manchmal hatte ich einfach keinen Bock, etwas zu machen. Nicht nur deswegen dauerte der Ausbau meines Fiat Ducato eine gefühlte Ewigkeit. Aber irgend-

Zusammen mit ihren Hunden reist Nadia durch Europa. Ihre erste Tour führte sie bis nach Griechenland, wo wir uns in Leonidio kennen gelernt haben.

wann war auch das geschafft und wir, mein treuer, vierbeiniger und haariger Gefährte Jonny und ich, kamen endlich los. Zehn Tage vor Weihnachten – gewagt. Am Heiligen Abend hatte ich dann das erste Heimweh.

MANDY: Du hattest genau wie ich auch vorher noch nicht viel Erfahrung mit dem Camperleben, richtig? Wieso hast du diese Form des Reisens gewählt?
NADIA: *Das Reisen im Van stellte für mich zunächst einmal die einzige Option dar, mit Hund zu reisen, da ich meinen Gefährten während des Sabbatjahres natürlich nicht irgendwohin abschieben wollte und schon gar nicht konnte. Also war die Idee zum Vanlife geboren. Fast ein halbes Jahr bin ich jetzt unterwegs und es gefällt mir. Es ist schön zu wissen, dass mir mein Zuhause immer folgt, dass ich frei und weitgehend unabhängig bin.*

Das Zuhause immer dabeizuhaben ist auch für mich eins der schönsten Dinge am Leben im Campervan. Das erste Ziel auf Nadias Reise war Slowenien und sie war sofort verliebt in das wunderschöne Land. Bei Martina auf dem Hof hat sie das erste Mal gewooft, also gegen Kost und Logis gearbeitet. Das hieß: morgens und abends in den Stall, die Tiere versorgen, und tagsüber andere Arbeiten erledigen wie Holz hacken, Bohnen putzen, Kammer aufräumen und – den ganzen Tag nach Stall riechen.

MANDY: Wir haben uns in Griechenland kennengelernt, als du mit uns das erste Mal das Wildcampen »geübt« hast. Wie fühlst du dich inzwischen allein unterwegs?
NADIA: *Grundsätzlich bin ich gern »on the road«, aber es verlangt mir teilweise auch einiges ab. Nicht zuletzt, als ich neulich in den Bergen im Schnee stecken blieb und mich mit einem winzigen Kehrblech und viel Geschick selbst befreien konnte. Da hätte ich mir jemanden an meiner Seite gewünscht, der einfach mal was dazu sagt. So etwas wie »Das schaffen wir« oder »Lass mich mal schaufeln« oder etwa »Egal, dann übernachten wir eben mitten im Gebirge auf der Straße, direkt neben dem Abgrund. Wir rutschen da schon nicht runter«. Aber es ging auch so und war dann umso zufriedenstellender, es geschafft zu haben. Bislang habe ich Stürme, Verkehrshindernisse, Wasserschäden und all so was gut allein oder mithilfe der Menschen aus dem gegenwärtigen Umfeld gemeistert. Aber die Dunkelheit hat lange ein ungutes Gefühl in mir hervorgerufen. Das hat etwas von Ausgeliefertsein. Aber da hat wohl eher das innere Kind in mir Angst und ich eine Baustelle, an die ich rankönnte, obgleich es da sicher Schlimmeres gibt.*

MANDY: Du bist im selbst ausgebauten Fiat Ducato unterwegs. Bist du zufrieden

Nadia genießt das Leben im Van und ist zusammen mit ihren Hunden am liebsten in der Natur unterwegs.

damit und mit dem Leben auf so engem Raum?

NADIA: *Mein Bus war zum Zeitpunkt meiner Abreise überwiegend fertig. Ein paar Kleinigkeiten hatte ich mir für irgendwann während oder nach der Reise vorgenommen. Letztendlich sitze ich ganz oft da, schaue mich um und habe etliche Ideen, an welcher Stelle und wie der Bus optimiert werden kann. Es gibt schon eine lange Liste, die ich bestimmt irgendwann mal abarbeite.*

Grundsätzlich ist der Bus aber gut auf meine Bedürfnisse abgestimmt und macht mir das Leben im Van nicht allzu schwer. Mancher mag vielleicht denken, dass so ein kleines Zuhause nicht viel Arbeit macht. Das Gegenteil ist, zumindest bei mir, der Fall. Ich verbringe täglich viel Zeit damit, den Bus aufzuräumen und sauber zu halten, auch weil Jonny sehr viel Dreck macht. Hinzu kommt, dass ich häufig irgendwas von vorn nach hinten, von oben nach unten oder von hier nach dort räume. Wenn ich im Juli zu Hause bin, miste ich erst mal aus und es wird wieder herrlich sein, zu sehen, wie sich mein Hab und Gut minimiert. Kurzum: Das Reisen und Leben im Bus ist überwiegend schön, kann aber durchaus auch mal belastend, anstrengend oder einfach nur öde sein.

MANDY: Gab es Momente oder Begegnungen unterwegs, in denen du dich mal unwohl gefühlt oder gar deine Idee des Vanlifes angezweifelt hast?

NADIA: *Schlechte Erfahrungen mit Menschen habe ich bisher nicht gemacht und das bleibt hoffentlich auch so. Aber die Einsamkeit ist für mich schon sehr herausfordernd, obwohl ich lange und sehr gern allein gelebt habe. Je stiller es um mich herum ist, desto größer ist meine innere Unruhe. Gerade stelle ich aber fest, dass sich eine gewisse Routine und damit auch Gelassenheit ergibt.*

Zwei Dinge, die mir sehr zu schaffen machen, sind der Umgang mit Tieren und mit der Natur. Beim Anblick von Straßenhunden blutet sofort mein Tierliebhaberherz bis heute und vermutlich immerfort. Mittlerweile habe ich mich bei der Vermittlung von drei Welpen eingebracht und einen selbst bei mir aufgenommen.

Und dann der Müll. Überall Müll. Es ist erschütternd, den ganzen Müll in allen Varianten, von Halde bis Mikroplastik, und das alles mitten in der Natur, zu sehen. Um wenigstens ein kleines bisschen hinsichtlich des Mülls und der Streuner zu verändern, füttere ich die ganz armseligen Streunerhunde und -katzen und sammle Müll. Ein Kampf gegen Windmühlen.

MANDY: Das kann ich verstehen, aber jede noch so kleine Aktion hilft – ich finde es super, dass du dich so engagierst! – Weißt du schon, wie lange du unterwegs sein wirst? Dauerhaft? Und wie finanzierst du deine Reise?

Anfangs hatte Nadia noch Bedenken, alleine im Freien zu übernachten. Inzwischen liebt sie die Ruhe und Freiheit inmitten der Natur.

NADIA: *Wie bereits erwähnt, habe ich sozusagen vorgearbeitet und lebe derzeit von meinem halben Gehalt. Nach dem Sabbatjahr bin ich für weitere sechs Monate ohne Bezüge beurlaubt. Für diese Zeit versuche ich jetzt, etwas zu sparen. Ansonsten könnte ich noch mein Auto verkaufen, was gut eingepackt bei meiner Schwester steht. Unabhängig davon möchte ich weiterhin gegen Kost und Logis arbeiten. Das erleichtert nicht nur den Geldbeutel, sondern dient auch der Horizonterweiterung und bringt Abwechslung.*

MANDY: Welche Tipps möchtest du jeder alleinreisenden Frau mitgeben?
NADIA:

- *Trenntoilette: Das spart nicht nur die Chemie, sondern auch Geld und ist total unkompliziert.*
- *Maximal kinnlange Haare: Kurze Haare sind überall mal schnell mit ganz wenig Wasser gewaschen.*
- *Menstruationstasse: Auch hier können Kosten und Müll eingespart werden.*
- *Weniger ist mehr.*

Rebecca

»Vorsicht ist besser als Nachsicht, aber macht euch nicht zu viele Sorgen. Die Welt ist schön und sicherer, als frau denkt!«

Rebecca (31) lebt seit 2017 in einem Suzuki Vitara 4×4 mit Dachzelt. Geplant war das Ganze nicht – es ist einfach so passiert. Als sie auf dem ersten Dachzeltnomaden-Treffen in Fulda dabei war, erhielt sie die Kündigung von ihrem damaligen Arbeitgeber. Zuerst wollte Rebecca zurück in ihre Wohnung nach Österreich fahren, um sich einen neuen Job zu suchen und alles zu klären. Doch dann realisierte sie, dass sie Bewerbungen doch auch ganz einfach von unterwegs aus schreiben kann.
Inzwischen lebt Rebecca in ihrem Auto mit Dachzelt, sie ist einfach unterwegs geblieben und hat beschlossen, ihren Lebensunterhalt in Zukunft online und vor allem ortsunabhängig zu bestreiten. Mittlerweile arbeitet Rebecca komplett von unterwegs aus und hauptsächlich online. Sie betreibt gemeinsam mit Thilo Vogel – dem Gründer der Dachzeltnomaden – den Blog dachzeltnomaden.com und veranstaltet das Dachzelt-Festival und andere Dachzelt-Events.

MANDY: Welche Vor- und Nachteile fallen dir zu deinem Leben als Dachzeltnomadin ein?
REBECCA: *Ich kann allein sein, wenn ich Ruhe brauche, kann aber stets unter Menschen sein, wenn ich Gesellschaft will. Ich habe immer die Wahl. Ich kann überallhin, wohin ich möchte. Zweimal im Jahr mache ich eine größere Tour. Zuletzt war ich im Winter am Nordkap und im nächsten Sommer geht es in die Alpen sowie nach Irland.*
Der Nachteil: Ich hätte es im Vorfeld nicht gedacht, aber leider habe ich doch das Gefühl, dass ich als Frau vorsichtiger sein muss, als wenn ich ein Mann wäre. So wechsle ich beispielsweise aus Sicherheitsaspekten fast jeden Tag den Stellplatz – ich kenne keinen Mann, der das macht.

MANDY: Du wechselst jeden Tag den Platz? Das klingt anstrengend. Ich stehe sehr oft und lange am gleichen Ort, jedoch nur, wenn ich mich wohlfühle. Und meistens setzt das erst nach ein paar Tagen ein, nachdem ich die Gegend in Ruhe erkundet habe. Wäre das keine Option für dich?
REBECCA: *Tatsächlich ist das für mich keine Option, nein. Mir geht es da auch ganz anders als dir. Ich kann mich an einem Ort superschnell wohlfühlen, dafür braucht es nicht viel: Ruhe, Einsamkeit und viel Natur. Manchmal bin ich auch zwei bis drei Tage an einem Ort, dann habe ich aber auch schon das Gefühl, einen neuen Ausblick zu brauchen.*

Rebecca lebt in ihrem Pkw – ein Suzuki Vitara 4x4 mit Dachzelt und fährt damit sogar nach Skandinavien – im Winter!

Meist bleibe ich aber eine Weile in einer Region. Fast jeden Tag den Platz zu wechseln heißt ja nicht, dass ich ewig weit fahren muss. Manchmal fahre ich nur ein paar Kilometer weiter zu einem schönen Platz, den ich beim Spaziergang entdeckt habe.

MANDY: Hast du denn schon mal seltsame Momente erlebt allein unterwegs?
REBECCA: *Ich hatte einmal eine komische Situation: Ich habe tagsüber am Strand einen Typen getroffen, mit dem ich mich vielleicht zwei Minuten unterhalten habe. Er sprach kein Deutsch, ich kein Französisch – somit war das noch nicht einmal ein Gespräch. Ein paar Stunden später kam er an den Strand zurückgefahren und wollte vermutlich »weiterquatschen«. Ich bin direkt mit dem Auto abgehauen, habe mich mächtig erschrocken. Er aber auch.*

MANDY: Solche Momente kenne ich auch, das sind unangenehme Erinnerungen. Dennoch überwiegen die vielen positiven Begegnungen, die zeigen, dass die Mehrheit der Menschen zum Glück sehr nett und hilfsbereit ist, oder?
REBECCA: *Absolut! Die Menschen, die ich unterwegs treffe, sind meist superinteressiert an dem Thema Dachzelt und meinem Lebensstil. In Situationen, in denen ich fremde Hilfe gebraucht habe, war auch sofort jemand da. Überall hilfsbereite Menschen zu treffen – ob in Finnland oder Spanien – ist ein super Gefühl. Tatsächlich treffe ich an meinen Stellplätzen aber eher selten Menschen. Ich genieße es, dann Gesellschaft zu haben, wenn ich das will, und nicht dann, wenn es mein Umfeld möchte. So bin ich meistens an sehr abgelegenen Orten.*

MANDY: Ist das Leben im Van für dich so, wie du es dir vorgestellt hast?
REBECCA: *Na ja, ich habe es mir ja nie wirklich vorgestellt. Es war auf einmal da. Darum hatte ich auch keine Erwartungen, die erfüllt werden mussten, und auch keine, die enttäuscht werden konnten. Aber alles in allem möchte ich gerade nichts ändern. Wenn aber doch irgendwann, dann tue ich es einfach.*

MANDY: Was vermisst du unterwegs am meisten?
REBECCA: *Paprika-Cashew-Lasagne. Ich koche sehr gern und das Fehlen eines Ofens finde ich schon manchmal traurig. Wenn ich allerdings zu starke Sehnsucht nach selbst gemachter Lasagne habe, besetze ich einfach eine Küche von Freunden oder der Familie und koche drauflos.*

MANDY: Was ist dein Fazit für allein reisende Frauen?
REBECCA: *Vorsicht ist besser als Nachsicht, aber macht euch nicht zu viele Sorgen. Die Welt ist schön und sicherer, als frau denkt!*

Angekommen! Rebecca schafft es tatsächlich, im Winter bis ans Nordkap zu fahren! Mehr über ihren Roadtrip findest du in Teil 3 des Buches (ab Seite 228).

Susanne

»Die älteren Wohnmobile haben Seele, einen Charakter, das haben die neuen einfach nicht.«

Susanne (57) ist seit Ende 2016 in ihrem Campervan unterwegs. Zuvor lebte sie ein Jahr lang in einem kleinen Wochenendhäuschen im Wald am Stadtrand von Hamburg. Darüber sagt sie: »Hier konnte ich mich von dem Lärm, der Unruhe und dem Stress, den ich in der Hamburger Innenstadt hatte, erholen. Meine Nachbarn und Besucher waren Eichhörnchen, Spechte und Rehe und am Ende hatte ich Mäuse zur Untermiete.«
Susannes lang gehegter Traum, der eigene Campervan, stand bereits seit dem Frühjahr 2015 vor ihrer Tür. Das ideale Gefährt, um damit schnell aus der Stadt in die Natur zu kommen. Nach Ablauf des Mietvertrages für das Häuschen sollte es mit dem Camper im Frühjahr 2016 nach Schottland gehen. Der Plan ging jedoch nicht auf, weil noch eine Menge Arbeit ins Wohnmobil gesteckt werden musste. Aber Susanne ist gedanklich schon bei der nächsten Reise: »Dafür plane ich jetzt eine große Tour nach Skandinavien, rauf zum Nordkap, über Finnland wieder runter und übers Baltikum und Polen wieder zurück nach Deutschland.«

MANDY: Das klingt nach einer spannenden Tour! Skandinavien habe ich auch schon bereist und muss noch mal hin! – Was war das Highlight deiner Reise?

SUSANNE: *Der kleine versteckte Stellplatz in Augustdorf in der Nähe von Paderborn. Dort habe ich mich so extrem wohlgefühlt, dass ich am liebsten geblieben wäre. Da stimmte einfach die Schwingung und Chemie des Platzes.*

MANDY: Mit welchem Fahrzeug bist du unterwegs und warum hast du dich dafür entschieden?
SUSANNE: *Ich fahre einen Mercedes Benz L 608 D, Baujahr 1971, einen sogenannten DüDo (Düsseldorfer). Ich suchte nach einem Camper mit Alkoven und dieser Van war der einzige, der zu der Zeit im Großraum Hamburg zu halbwegs bezahlbarem Preis angeboten wurde. Alle anderen Wohnmobile waren nur in Baden-Württemberg oder in Bayern zu finden. Das war mir zu weit weg, um mal schnell hinzufahren und zu schauen, ob das Fahrzeug zu mir passt. Ich habe auch lange überlegt und gezögert, weil der Wagen in recht schlechtem Zustand war. Letztendlich war es die richtige Entscheidung. Und: Die älteren Wohnmobile haben Seele, einen Charakter, das haben die neuen einfach nicht.*

Susanne und ihr rollendes Zuhause, ein Mercedes Benz L 608 D, Baujahr 1971

MANDY: Bist du gern allein unterwegs?
SUSANNE: *Da ich eh kein allzu sozialer Mensch bin – im Sinne von »ich brauche ständig Menschen um mich« – und lieber meine Ruhe und Zeit für meine kreative Arbeit habe, vermisse ich nichts. Im Gegenteil. Der Vorteil vom Alleinsein bzw. Alleinreisen ist, dass ich mir die schönen Plätze aussuchen kann, wo ich dann gern ein paar Tage bleibe. Ein Nachteil ist, dass ich mir bestimmte Dinge, die ich benötige, nicht so einfach bestellen und schicken lassen kann, da ich ja keine feste Adresse habe. Das muss gut geplant sein und gegebenenfalls müssen Freunde oder Bekannte auf dem Weg als Poststationen dienen.*

MANDY: Stimmt, das Onlineshopping wird schwierig ohne feste Adresse. Im Ausland lasse ich Bestellungen oft postlagernd an eine Postfiliale schicken, das klappt meistens ganz gut. In Deutschland sollte das meines Wissens auch funktionieren. – Ist das Leben im Van für dich so, wie du es dir vorgestellt hast? Gab es anfangs Schwierigkeiten unterwegs oder lief alles nach Plan?
SUSANNE: *Anfangs war ich ja noch nicht so viel unterwegs, habe eher im Camper gewohnt und vor Ort gearbeitet. Das war sehr praktisch, weil ich auch kurzfristige Aufträge an entfernteren Orten wahrnehmen konnte. Nach längerer Zeit in der Werkstatt ist der Camper jetzt bereit für die große Skandinavien-Tour bis zum Nordkap. Schwierigkeiten unterwegs habe ich allenfalls bei der Suche nach guten Lebensmitteln. In manchen Regionen in Deutschland ist es nicht leicht, Bio-Gemüse ohne allzu viel Plastik zu bekommen. Ich bin mal gespannt, wie das dann in Skandinavien wird. Eine weitere Schwierigkeit sind die technischen Probleme mit meinem Camper. Er ist halt schon recht alt und von den Vorbesitzern nicht wirklich gepflegt worden. Mittlerweile bin ich Premium-Mitglied beim ADAC und benötige deren Service recht regelmäßig. Aber durch meine Reparaturen dürfte das wohl nun vorüber sein.*

Susanne arbeitet als Dozentin für Deutsch als Zweitsprache und war dafür im Sommer 2017 im Ruhrgebiet tätig, hat aber inzwischen wieder Aufträge in Hamburg – dort gefällt es ihr einfach besser. Neben der Arbeit als Dozentin bietet Susanne Kunsthandwerk und Tanzperformances und ist damit auf Mittelalter-, Steampunk- oder Frauenfestivals unterwegs.

Susanne unterwegs mit ihrem Campervan in Skandinavien – inklusive einer tierischen Begegnung mit Rentieren

Tabea

»Es sind eher die kleinen Dinge, über die ich mich immer freuen kann: zum Beispiel dass alles, was ich für ein gutes Leben brauche, auf sechs Quadratmeter passt …«

Tabea (34) ist seit 2018 in ihrem Campervan unterwegs – einem VW LT. Nach ihrem Studium der Geoökologie in Tübingen und einiger Zeit im Berufsalltag bekam sie Lust auf Veränderung. »Ich mag es, neue Dinge zu lernen, wieder bei null anzufangen«, erzählt sie mir. »Da bin ich eher Generalist statt Spezialist. Ich habe mit Anfang 30 eine Ausbildung zur Zimmerin angefangen. Zum einen wollte ich noch etwas Praktisches erlernen, zum anderen gibt es überall auf der Welt Baustellen und somit die Möglichkeit, Reisen und Arbeiten zu verbinden.«
Nach ihrer Ausbildung hatte Tabea die Idee, eine Art »persönliche Walz« zu machen, um so an verschiedenen Orten zu arbeiten und Erfahrungen zu sammeln, vor allem im ökologischen Bauen. Diese Art zu arbeiten wollte sie aber nach ihren eigenen Vorstellungen gestalten – ihr Bett und das Werkzeug sollten immer dabei sein. Deshalb hat sie ihren Campervan so ausgebaut, dass sie langfristig darin wohnen und unterwegs arbeiten kann.

Den leeren Transporter hat Tabea mit viel Liebe zu ihrem gemütlichen Zuhause ausgebaut.

MANDY: Erzähle uns etwas über deinen Van, den du selbst ausgebaut hast. Bist du zufrieden damit?
TABEA: *Ich hab mir den Bus Ende 2017 gekauft. Es ist ein VW LT, Baujahr 2006. Ich fuhr allein zum Händler, obwohl ich keine Ahnung von Autos hatte. Der Kauf war eine Bauchentscheidung und bis jetzt habe ich ihn nicht bereut. Über den Winter habe ich viel zum Thema Busausbau gelesen und mich in vielen Foren oder bei YouTube informiert. Den Bus habe ich dann allein ausgebaut. Nur als es an den Tankausbau für die Dieselstandheizung ging, hat mir mein Mechaniker geholfen. Ich bin aber noch nicht fertig mit dem Ausbau, einige Details fehlen noch, die Verkleidung der Türen, Gewürzregal, 230-Volt-Stromkreis … Um darin zu wohnen, reicht es aber. Sehr praktisch finde ich die Fußpumpe für mein Waschbecken, damit lässt sich das Wasser gut portionieren. Mein kleiner Holzofen sorgt für gemütliche Wärme und durch die vielen Staumöglichkeiten hat alles seinen Platz. Bis jetzt, muss ich sagen, würde ich am Ausbau nichts ändern.*
Ich bin froh, dass ich den Bus so ausgebaut habe, dass es richtig gemütlich ist und ich mich wohlfühle. Ich liebe mein Bett und die Stehhöhe. Ich komme mir nicht eingeengt vor. Bis jetzt fühlt es sich an, als ob ich einfach in einem kleinen Zimmer auf Rädern lebe und trotzdem die Annehmlichkeiten von festen Häusern wie Dusche, Klo, fließend Wasser genießen kann.

Das Wichtigste war für mich, mein Zuhause und mein Werkzeug zu interessanten Baustellen mitzunehmen und flexibel draufloszufahren, wenn sich spontan etwas ergibt. Das hat auf jeden Fall bis jetzt sehr gut geklappt.

Tabea arbeitet selbstständig als Zimmerin. Mögliche Arbeitsstellen kontaktiert sie im Voraus und wenn alles klappt, fährt sie mit ihrem Van zum neuen Einsatzort und bleibt dann meist für ein paar Wochen dort. Vor Ort kann sie mit ihrem Campervan auf dem Grundstück der Auftraggeber stehen und ist so mit Wasser und Strom versorgt.

TABEA: *Das Herausfordernde ist, dass ich mich immer wieder auf andere Kollegen, Auftraggeber und Tätigkeiten einstellen muss. Auf der anderen Seite ist es genau das, was ich mit dieser Art von Walz erreichen möchte: unterschiedliche Arbeitsmethoden und Techniken kennenlernen und Erfahrung im ökologischen Bauen sammeln.*

Wenn sie nicht gerade arbeitet, reist Tabea mit ihrem Van umher.

TABEA: *Ich war bereits in verschiedenen Städten in Nord- und Ostdeutschland und über den Winter auf Korsika. An den Wochenenden zwischen der Arbeit oder auch während einem angehängten Urlaub erkunde ich die Gegend um meinen Arbeitsplatz, oftmals mit dem Fahrrad oder eben mit dem Bus. Im Sommer möchte ich für zwei Monate in Norddeutschland unterwegs sein. Besuche machen, arbeiten und verschiedene Landschaften durchwandern und -radeln. Im Herbst werde ich wieder in und um Tübingen arbeiten und den Winter möchte ich dann in Südeuropa und in Marokko verbringen.*

MANDY: Was war bisher das Highlight deiner Reisen?
TABEA: *Es sind eher die kleinen Dinge, über die ich mich immer freuen kann: zum Beispiel dass alles, was ich für ein gutes Leben brauche, auf sechs Quadratmeter passt, oder dass ich keinen Kaffee beim Bäcker kaufen muss, wenn ich auf der Baustelle bin, sondern schnell einen im Bus machen kann. Natürlich war auch Korsika im Winter ein Highlight: wunderbar trockenes und warmes Wetter, keine Touristen, leere Straßen und niemanden stört es, wenn man frei steht.*

MANDY: Wie fühlt es sich für dich an, allein im Van zu reisen?
TABEA: *Unkompliziert. Zu zweit wäre es auch etwas zu eng in meinem Bus, da ich im Bett diagonal schlafe. Viele haben ja noch Hunde dabei. Ich stell mir das schon irgendwie auch schön vor, aber ich scheue mich vor der Verantwortung und den Verpflichtungen, die ein Hund mit sich bringt. Ich wäre eher*

Tabeas Zuhause: ein Volkswagen LT, Baujahr 2006, den sie sich selbst nach ihren Wünschen ausgebaut hat.

eingeschränkter in meiner Freiheit mit einem Hund. Das Gleiche gilt natürlich für einen Partner. Das einzig Nervige ist dieses beklemmende Gefühl, wenn ich nachts irgendwo allein stehe. Das wäre zu zweit – mit Hund oder Mitmensch – auf jeden Fall erträglicher.

MANDY: Das kann ich gut verstehen, ein Hund ist durchaus eine Verantwortung, für mich aber auch eine große Bereicherung. – Hast du noch einen Tipp für andere Frauen, die allein im Van unterwegs sind?
TABEA: *Ich hätte am liebsten einen Tipp, wie man sich nachts sicherer fühlt im Bus. Den hab ich aber leider noch nicht. Als ich allein an Stränden stand und es dunkel wurde, machte sich immer ein beklemmendes Gefühl breit und auch die Nacht war eher unruhig. Ich hab auf Geräusche von draußen gelauscht und war innerlich etwas in Alarmbereitschaft. Sobald es morgens hell wurde, fiel dieses Gefühl sofort wieder von mir ab. Mit dem Alleinsein in der Dunkelheit muss ich erst noch klarkommen. Es war jedoch von Vorteil, den Nachtplatz noch bei Tag etwas zu erkunden und sich nicht überstürzt in der Dunkelheit irgendwo hinzustellen – ohne zu wissen, was um einen herum ist. Und natürlich dem Bauchgefühl vertrauen und bei ungutem Gefühl lieber weiterfahren.*

Zoe

> *»Ich liebe es, an den Aufgaben zu wachsen! Wenn man sich irgendwo mit den Reifen im Schlamm einbuddelt – ein sehr schönes Gefühl, wenn man es allein schafft, sich wieder zu befreien.«*

Nachdem Zoe (22) nicht länger fast ihr ganzes Geld für die Miete der Wohnung ausgeben wollte, beschloss sie kurzerhand, sich einen Camper zu kaufen. Während ihrer Ausbildung zur Bootsbauerin hat Zoe in ihrem selbst ausgebauten Bus in der Nähe des Arbeitsplatzes gewohnt. Die Vorteile beschreibt sie so: »Dadurch hatte ich monatlich überschaubare Kosten und konnte mich im Umkreis meiner Ausbildungsstelle frei bewegen. Zudem lernte ich durch den Ausbau vieles, was ich in meiner Ausbildung gut gebrauchen konnte. Und die Welt ist so groß, es gibt da draußen so viel zu entdecken!«
Seit 2018 ist sie in ihrem Fiat Ducato namens Barbara unterwegs. Immer mit an Bord hat Zoe ihre Hündin Ylvy, Kaffee mit Hafermilch sowie Süßigkeiten für die Fahrtzeit.

MANDY: Wie hast du deinen Bus, die Barbara, gefunden?
ZOE: *Ich war bei einem Fiat-Händler, um mir die verschiedenen Größen der Fiat Ducatos anzuschauen. Meine erste Erfahrung als Frau im Camperleben begann bereits dort: Voller Vorfreude lief ich auf den Platz und wurde von einem Verkäufer empfangen. Ich sagte: »Ich würde mir gern ein Auto anschauen!«, und bevor ich noch etwas hinzufügen konnte, nämlich, dass ich einen Transporter anschauen will, lief der Verkäufer direkt los zu den Pkws und sagte: »Wir haben hier einen superschönen neuen Fiat 500!«*
Wie kam er bitte darauf, dass ich einen Fiat 500 will? Hätte er meinem Vater auch den winzigen, knallroten Pkw mit den hellen Ledersitzen gezeigt? Als ich dann in die entgegengesetzte Richtung lief und sagte, ich würde mir ehrlich gesagt lieber die leeren Transporter anschauen, wurde ich mit sehr großen Augen ungläubig angeschaut. Aber tatsächlich stand sie dort, zwischen den ganzen Transportern: meine geliebte Barbara, der, ja okay, kleinste Fiat Ducato.

MANDY: Solche Reaktionen sind echt ärgerlich. Ich wurde bei einem Wohnmobilhändler mal komplett ignoriert, die haben mich gar nicht als potenzielle Kundin wahrgenommen. Gekauft habe ich natürlich dann woanders ... – Kannst du etwas über den Ausbau deines Vans erzählen? Auf welche Details bist du denn besonders stolz?
ZOE: *Beim Ausbau habe ich es anfangs so gemacht, dass ich den Innenausbau zuerst*

Unterwegs im Fiat Ducato namens »Barbara« reist Zoe zusammen mit Hündin Ylvy durch Europa.

provisorisch eingebaut habe, um zu schauen, was mir wie gefällt und was ich wie haben möchte. Zuerst hatte ich ein fest installiertes Bett – und habe dann gemerkt, dass ich gern zwei Bänke hätte mit einem Tisch in der Mitte, was zum Bett umgebaut werden kann.
Stolz bin ich darauf, dass mein Van sehr individuell ist und super zu mir und meiner Hündin passt. Ich liebe die verschiedenen Oberflächen aus leichtem Holz, Kork und Fliesen – okay, die sind schwer, aber schön. Praktisch finde ich den großen Gastank unter dem Auto, hinter der Hinterachse. Der nimmt keinen Platz im Auto weg und man muss keine Gasflaschen durch die Gegend schleppen.
Ein Feature, auf das ich mich sehr freue und welches ich die nächsten Wochen bauen werde: eine Extratür vor dem Kühlschrank für meine vielen Gewürze! Mein Kühlschrank ist viel kürzer als die Küchenplatte – und da ich diese nicht kleiner machen will, weil ich so gern koche und den Platz brauche, entstand die Idee mit dem Gewürzregal.
Zudem bin ich stolz auf meinen Kühlschrank, weil er ein Eisfach hat und ich im Sommer einfach liebend gern Eis esse. So kann ich immer Eis dabeihaben – sowie Fleisch für meine Hündin Ylvy.

MANDY: Gibt es Dinge, die dich unterwegs nerven oder stören?
ZOE: *Was ich am meisten hasse am Leben im Van: dass die Frontscheibe im Winter so voll mit Kondenswasser ist, dass ich nicht direkt losfahren kann, weil ich nichts sehe. Das Kondenswasser wische ich aus Bequemlichkeit meistens mit einem Handtuch ab und habe dann ein triefend nasses Handtuch im Van liegen. Pfui! Und meinen Pflanzen ist es im Van entweder zu warm, zu kalt, zu feucht oder zu trocken. Ich würde ja eigentlich sagen, ich hab einen grünen Daumen – aber die Pflanzen im Van leben bei mir nicht besonders lange, die meiste Zeit schaue ich ihnen beim Sterben zu.*

MANDY: Wo warst du bisher unterwegs und was sind deine Reisepläne/-wünsche für die Zukunft?
ZOE: *Bisher war ich in Italien, Frankreich, in der Schweiz, in Norwegen, Dänemark, Österreich und natürlich in Deutschland. Alle wollen zwar immer weit weg – aber hier gibt es echt sehr schöne Ecken. Die nächste Tour wird uns einmal um die Ostsee führen.*

MANDY: Was war bisher das schönste Erlebnis auf deinen Reisen?
ZOE: *Als ich in Norwegen das erste Mal einen Wal gesehen habe – so schöne Tiere! Und als ich meine Hündin bekommen habe – die wurde mir in den Arm gedrückt und ich bin sofort mit ihr ins Auto. Dann saß sie da und hat voller Angst ihr neues Zuhause angeschaut – und ich hab ihr natürlich direkt erzählt, was wir mit dem Bus noch alles entdecken werden. Mittlerweile liebt sie das Reisen!*

Hündin Ylvy tanzt Zoe manchmal auf dem Tisch herum – aber wie kann man so einer süßen Hündin schon böse sein?

MANDY: Was vermisst du am meisten, wenn du unterwegs bist?
ZOE: *Eine Badewanne mit ganz viel Schaum.*

MANDY: Wie ist für dich das Reisen und Leben im Van, allein als Frau?
ZOE: *Da ich schon immer eine Frau war, weiß ich nicht, wie das anders ist als »allein als Frau«. Das Reisen und Leben im Van finde ich auf jeden Fall ziemlich toll! Ich liebe es, an den Aufgaben zu wachsen! Wenn man sich irgendwo mit den Reifen im Schlamm einbuddelt – ein sehr schönes Gefühl, wenn man es allein schafft, sich wieder zu befreien. Oder wenn man gefühlt Stunden braucht, um mit eingeklappten Spiegeln irgendwo im italienischen Hinterland über eine viel zu schmale Brücke zu fahren – was für eine Befreiung, auf der anderen Seite ohne Kratzer anzukommen! Ich weiß mittlerweile, warum Fiat neben meinem wundervollen Ducato auch ganz kleine Autos baut.*

MANDY: Ein paar Kratzer im Lack meines Ducatos erinnern noch an ähnlich brenzlige Situationen ... – Hast du schon mal schlechte Erfahrungen gemacht unterwegs?
ZOE: *Nein. Wenn mir eine Situation komisch vorkam, bin ich immer weggefahren. Klar habe ich ab und zu mal Bammel: wenn jemand am Van klopft – bis jetzt hat sich das immer als sehr nette Security herausgestellt; oder als das erste Mal in Skandinavien der Van plötzlich mitten in der Nacht herumgeschubst wurde – von ein paar Schafen, die sich daran kratzten. Die ersten Schrecksekunden, bis man die Situation einschätzen kann, finde ich sehr unangenehm. Ab und zu muss man sich wohl eingestehen, dass man sich selbst am meisten Angst macht – wer sollte denn mitten in der Nacht auf einer einsamen Hochebene, weit weg von allen gut befahrbaren Straßen, an einem Bus wackeln?!*

MANDY: Das stimmt, unser Kopfkino sorgt manchmal dafür, dass wir uns viel zu viele Sorgen machen, selbst wenn gar keine Gefahr besteht ... Was gibst du anderen alleinreisenden Frauen mit auf den Weg?
ZOE: *Es sagen ja immer alle, dass Frauen so ängstlich seien. Glaube mir, es gibt auch andere Wesen auf dieser Erde, die Schiss bekommen, wenn jemand anfängt, am Bus zu schaukeln! Klar, wir haben als Frauen Nachteile und ich hasse es, wenn ich mal wieder an einer Tankstelle stehe und meinen Gashahn nicht selbst aufgedreht bekomme, sondern einen »kräftigen Kerl« um Hilfe fragen muss. Oder wenn ich meine Reifen nicht gut selbst wechseln kann, weil sie mir einfach zu schwer sind; ich mit meinem Drehmomentschlüssel keine 180 nm gewuppt bekomme, sondern mir eine Verlängerung bauen muss, um die Hebelwirkung zu vergrößern. Dadurch*

Das Wohn-, Ess- und Schlafzimmer von Zoe. Auch auf kleinstem Raum lässt es sich gemütlich leben.

brauche ich ohne Hilfe einfach sehr lange beim Reifenwechsel.
Aber hey, man muss einfach auch mal die andere Seite sehen und das auch ausnutzen: Ich wurde noch nie an einer Grenze rausgezogen, und ich bin viel in den Grenzgebieten Deutschland–Schweiz–Frankreich–Österreich unterwegs. Ich sehe einfach tatsächlich blond und unschuldig aus; ein hübsches Kleidchen, wenn ich weiß, ich muss über die Grenze – und gut ist. Als vollbärtiger, kräftiger Zwei-Meter-Mann wird man(n) eher rausgezogen. Und wenn die Security klopft: Wer schickt ein »kleines hilfloses Mädchen« weg, das so unglaublich müde ist und nicht weiß, wo es sich hinstellen soll?
Ansonsten denke ich, dass wir wegkommen müssen von diesem Gedanken, was alles anders ist »allein als Frau«. Ich denke, wir sind stärker und selbstbewusster, als wir denken. Wir müssen einfach von diesem Klischee weg, dass es viel gefährlicher sei, denn schlechte Gedanken schwächen einen auch.
Zum Thema Sicherheit: Ich werde mir dieses Jahr auf jeden Fall noch Doppelverriegelungen für alle Türen und Fenster einbauen, doch das würde ich vermutlich auch als Mann machen. Wenn man ein bisschen unterwegs ist, lernt man aber auch, an welche Orte man sich am besten stellt und an welche nicht. Es gibt für mich einfach ein paar Standards, die ich jeden Abend mache:

- ➠ *Ich gehe immer erst schlafen, wenn der Van aufgeräumt ist, und lege den Schlüssel immer an die gleiche Stelle, sodass ich auch unter Stress sofort losfahren kann.*
- ➠ *Ich stelle mich möglichst so hin, dass der Fluchtweg vor dem Auto frei ist; klar könnte da jemand sein Auto davorstellen, wenn es blöd läuft.*
- ➠ *Wenn ich ein ungutes Gefühl habe, fahre ich einfach gleich weg.*

Ich denke, mehr kann man nicht machen, und wenn dann doch was passieren sollte, dann passiert es. Dieses Risiko kann man so zumindest möglichst klein halten. Es gibt viele Sachen, die gefährlich sind – zum Beispiel ohne Helm Fahrrad fahren. Und wie viele Menschen fahren ohne Helm Fahrrad? Man sollte sich einfach auf die schönen Dinge der Reise fokussieren – deswegen reisen wir doch! Das Leben ist einfach auch Risiko, aber auf einem Berggipfel in Norwegen gefällt es mir deutlich besser als in einer Wohnung im »sicheren« Bett – denn da fällt mir die Decke auf den Kopf.

Zoes hat ihr mobiles Zuhause selbst ausgebaut – das sieht sehr gemütlich aus, oder?
Folgende Doppelseite: Standplatz mit tollem Ausblick

Reiserouten

FÜR DEN START INS VANLIFE

Die erste Tour im Van ist eine aufregende Angelegenheit. Es gibt ein paar Länder, die sich ideal für den Einstieg in das Leben im Van eignen, weil sie über eine sehr gut ausgebaute Infrastruktur für Wohnmobile verfügen, traumhaft schöne Reiserouten bieten und bereits von anderen Campern erkundet wurden. Hier findest du ein paar Touren-Ideen für deine erste Fahrt in die Freiheit …

Einfach losfahren und genießen. Vielleicht sogar bis ans »Ende der Welt« wie hier in Finisterre in Nordspanien.

Schweden war mein erstes Reiseziel nach dem Start ins Vanlife 2016 – ein wunderschönes Land, ideal zu bereisen mit dem Camper.

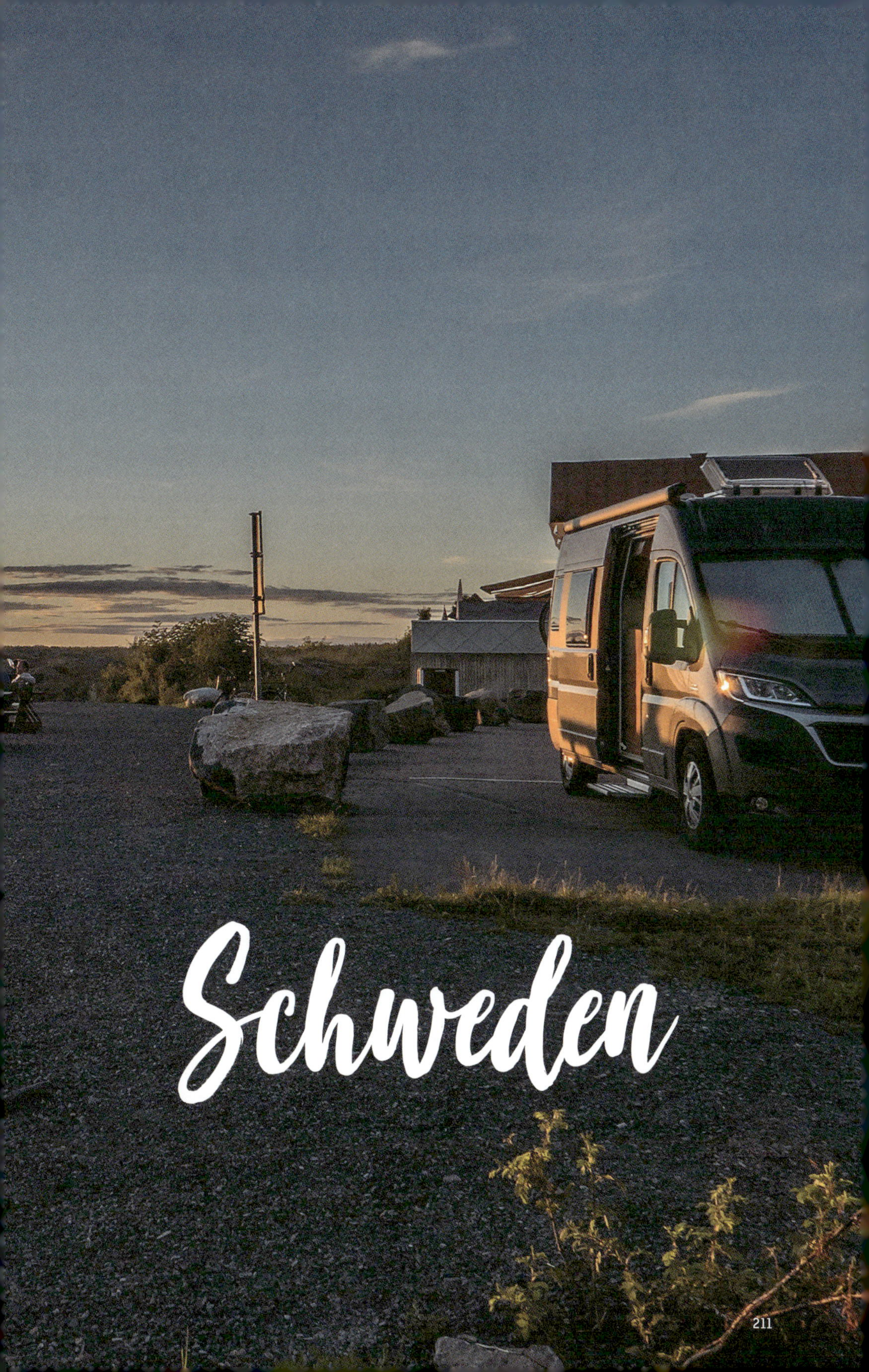

Schweden

Karlshamn
Tosteberga
SCHWEDEN
Kristianstad
DÄNE-
MARK
Hanöbukten
Lund
København
Kivik
Malmö
Simrishamn
Køge Bugt
Ystad
Skillinge
Skanör
Ales Stenar
OSTSEE
N
0
15

THEA KIVIK

Schweden: Die Südküste entlang

Die ersten Wochen allein im Van war ich in Südschweden unterwegs, eine wunderbare Gegend für Vanlife-Anfänger, denn die Infrastruktur für Camper ist perfekt, dazu gibt es wunderschöne Natur, viel Platz und Ruhe. Mit der Fähre ging es von Rostock nach Trelleborg und von dort aus direkt weiter an einen schönen Platz am Meer.

Skanör

Erster Halt ist der Hafen von Skanör, im Südosten gelegen. Der Stellplatz bietet einen wunderbaren Blick auf das Meer sowie auf die entfernte Öresundbrücke, die Dänemark und Schweden miteinander verbindet. Am Hafen wird, wie fast überall auf der Tour, frischer Fisch angeboten.

Auf dem kostenpflichtigen Stellplatz Skanör Hamn ist das Übernachten möglich. Strom- und Wasserversorgung ist vorhanden.

Ystad

Spannend wird es in der Wallander-Hauptstadt Ystad. Dass dort der aus den Büchern und Verfilmungen von Henning Mankell bekannte Kommissar Wallander für Recht und Ordnung sorgt (zumindest in den Romanen), wurde mir aber erst bewusst, als ich mich nach der Ankunft mit dem Ort beschäftigte. Im Tourismusbüro gibt es eine Stadtkarte, in der viele der bekannten Orte aus den Büchern Mankells verzeichnet sind. Der kleine Küstenort bezaubert mit vielen Fachwerkhäusern, die von bunten Blumen umrankt werden, viele nette Cafés und Restaurants locken mit lokalen Köstlichkeiten.

Direkt am Hafen von Ystad befindet sich ein kostenpflichtiger Stellplatz (Ystad Marina), der perfekte Ausgangspunkt für Erkundungstouren zu Fuß oder per Fahrrad.

Ales Stenar

Der nächste Stopp auf dem Trip durch Südschweden ist Ales Stenar, eine der größten erhaltenen Schiffssetzungen in Skandinavien. Der Ort wird auch das Stonehenge Schwedens genannt. Die aus 59 Steinen bestehende Formation liegt auf einem Hügel bei Kåseberga. Der Besuch ist kostenlos und bedarf einer kleinen Wanderung den Hügel hinauf. Einen wunderbaren Blick von der Steilküste aufs Meer gibt es obendrein dazu. Gleich in der Nähe befindet sich ein kleiner Hafen mit Restaurants und Cafés.

Skillinge

Unweit von Ales Stenar findest du das kleine, aber lebhafte Fischerdorf Skillinge. Hier

Am kleinen Hafen von Kivik liegen die Boote vor Anker … hier ist's idyllisch ruhig und mit Meerblick kann man die Nacht im Van verbringen.

empfehle ich, eine Wanderung oder Radtour am Strand entlang in Richtung Süden zu unternehmen – kilometerweit nur Meer, Dünen und ein paar Möwen. Selbst im Sommer geht es hier sehr entspannt zu.

Direkt am Hafen von Skillinge ist es erlaubt, mit dem Campervan zu übernachten. Sonntags findet dort ein Flohmarkt statt, dann kann es frühmorgens, wenn die Stände aufgebaut werden, etwas laut sein.

Simrishamn

Ein paar Kilometer weiter nördlich folgt der kleine Ort Simrishamn – eine Kleinstadt mit viel Charme. Enge Gassen, Kopfsteinpflaster und urige Hinterhöfe laden zum Erkunden ein. In der Touristeninformation erhältst du eine Karte für einen Stadtrundgang mit einem Besuch der Kirche Sankt Nicolai, vorbei an wunderschönen Fachwerkhäusern und entlang der Uferpromenade.

Der Campingplatz Tobisviks Camping liegt nördlich von Simrishamn direkt am Meer und bietet alle Annehmlichkeiten (Tobisvägen 1, 272 94 Simrishamn).

Kivik

Ein weiterer Küstenort mit einem wunderschönen Hafengebiet und dem obligatorischen Fischrestaurant ist Kivik. Der Ort ist bekannt für seinen traditionsreichen Markt Kiviks Marknad, dieser findet immer am dritten Mittwoch im Juli drei Tage lang statt.

Ein kostenloser Stellplatz für die Übernachtung liegt direkt neben dem Hafen (N 55°41'10.7" E 14°13'49.1").

Tosteberga

Ein traumhaft schöner Ort für ein paar ruhige Tage ist Tosteberga – ein winziger Ort ohne viel Angebot, also keine Restaurants oder Supermärkte. Aber die Natur und Ruhe in dieser Gegend laden zum Verweilen ein.

Der kostenpflichtige Stellplatz Tosteberga Hamn liegt perfekt mit Blick aufs Meer, bietet Strom, Frischwasser, Duschen und sogar eine Küche.

Elch-Safari in Markaryd

Willst du sicherstellen, auf der Tour durch Schweden auch einen Elch zu Gesicht zu bekommen, geh auf Elch-Safari in Markaryd (Smålandet Markaryds Älgsafari, smalandet.se). Der Safaripark macht einen sehr guten Eindruck – das Gelände ist riesig und die knuffigen Elche liegen, stehen und spazieren gemütlich umher, die Autos interessieren sie herzlich wenig.

Oben: Bei der Elch-Safari in Markaryd kommt man den Tieren ganz nahe.
Unten: Ales Stenar, eine der größten erhaltenen Schiffssetzungen in Skandinavien

44

Zur Übernachtung geht es auf den Campingplatz Sjötorpets Camping in der Nähe – ein schöner kleiner Platz direkt am See (Strandvägen 4, 285 31 Markaryd).

Und hier endet der kleine Roadtrip durch Südschweden, der viel Natur und Ruhe bietet sowie einen Einblick in das entspannte Leben dort. Ein Besuch in Stockholm oder Malmö ist auch sehr zu empfehlen. In beiden Fällen solltest du am besten den Camper auf einem Campingplatz abstellen und die Stadt zu Fuß erkunden.

Links oben: Ystad ist nicht nur ein spannender Ort für Krimifans.
Links unten: Meerblick am Hafen von Kivik. So lässt sich's aushalten.
Rechts: Sonnenuntergang am Hafen von Skanör

Portugal ist zwar ein recht kleines Land, aber unglaublich vielseitig. Schöne Strände im Süden, historische Städte im Landesinneren und eine traumhafte Natur im Norden des Landes – dort führt dieser Roadtrip entlang.

Portugal

0
500 km
N
Nationalpark
Peneda-Gerês
Guimarães
Pinhão
Porto
R. Douro
Peso da
Regua
Aveiro
Coimbra
PORTUGAL
Nazaré
SPANIEN
Obidos
Cabo
da Roca
Sintra
Lissabon
Cascais
Grândola
Odemira
Faro

NAZARÉ
NAZARÉ

Portugal: Roadtrip durch den grünen Norden

Mit dem Roadtrip durch Portugal habe ich einen Routenvorschlag zusammengestellt, der die schönen Orte und Regionen im Norden Portugals umfasst, die einen Besuch unbedingt lohnen. Insgesamt ist die Route etwa 600 Kilometer lang, kleine Umwege und Extratouren nicht mit eingerechnet. Ich habe für diese Strecke übrigens fast drei Monate gebraucht und dabei noch längst nicht alles gesehen. Eins ist gewiss: Portugal ist mehrere Besuche wert.

Fahre die Strecke auf mautfreien Straßen – so siehst du mehr vom Land. Die Straßen sind weitestgehend gut ausgebaut und einfach befahrbar, auch mit größeren Wohnmobilen. Nur in kleineren Ortschaften solltest du aufpassen und das Wohnmobil am besten außerhalb parken.

Lissabon

Los geht's in Lissabon, der sympathischen Hauptstadt Portugals. Plane ruhig drei bis vier Tage für den Besuch ein, denn es gibt eine Menge zu entdecken: das wunderschöne historische Stadtviertel Alfama mit seinen engen Gassen, die berühmte Street Art in ganz Lissabon, eine gemütliche Stadtrundfahrt in der alten Tram 28, ein Ausflug zur Cristo-Rei-Statue und vieles mehr.

Gut gelegen ist der Campingplatz Lisboa Camping, nordwestlich vom Stadtzentrum (lisboacamping.com). Ein Bus fährt direkt vor der Tür ab ins Zentrum.

Cascais & Umgebung

Vor den Toren Lissabons befinden sich einige schöne Küstenorte, die einen Besuch wert sind. Besonders für Wassersportler bietet sich ein Stopp in Cascais an, denn hier gibt es gute Surfspots – der Praia Grande do Guincho ist dafür berühmt. Die Gegend kannst du auch bequem zu Fuß oder per Fahrrad erkunden.

Auf dem großen Parkplatz vor dem Restaurant do Guincho ist das Übernachten möglich, zumindest in der Nebensaison geht es da sehr entspannt zu (N 38°43'40.4 W 9°28'29.5"). Alternativ befindet sich der Campingplatz Orbitur Guincho in der Nähe, dieser ist allerdings nicht sehr günstig (orbitur.pt).

Cabo da Roca

Wer unbedingt mal am westlichsten Punkt des Festlands des europäischen Kontinents stehen möchte, muss zum Cabo da Roca fahren! An der Steilküste kann man entlangwandern, im Fremdenverkehrsbüro am

Oben: Ein Besuch in Óbidos, einer der schönsten und besterhaltenen historischen Orte in Portugal
Unten: Am Strand von Nazaré, ein Mekka für Surfer, vor allem im Herbst, wenn der Big Wave Contest stattfindet.

Empadaria
NACIONAL
FREE wifi

Leuchtturm gegen eine kleine Gebühr per Urkunde deinen Besuch bestätigen lassen und in der kleinen Bar einen Kaffee trinken und den Blick aufs Meer genießen.

Sintras Traumschlösser & -burgen

Nicht verpassen solltest du die berühmten Schlösser und Burgen von Sintra. Etwa 25 Kilometer westlich von Lissabon wartet eine kunterbunte Vielfalt an Geschichte: Palácio Nacional de Sintra, Castelo dos Mouros, Palácio Nacional da Pena, Convento dos Capuchos, Palácio de Monserrate, Quinta da Regaleira … um nur einige Sehenswürdigkeiten zu nennen.

Es gibt einen Bus, der die einzelnen Punkte anfährt. Das Parken ist in Sintra selbst für Pkw nur sehr eingeschränkt möglich. Eine Karte mit allen Informationen und den Abfahrtsplänen des Buses bekommst du in der Touristeninformation in Sintra.

Es gibt einen kostenpflichtigen Stellplatz am Fußballplatz von Sintra – nicht wirklich schön und ohne jegliche Ausstattung, aber zweckmäßig (N 38°47‘17.7“ W 9°22‘32.0“).

Praia do São Julião

Nach so viel Kultur in Sintra ist Zeit für eine Verschnaufpause am Meer. Einer meiner Lieblingsstrände an der Westküste Portugals – Praia do São Julião – ist bei Ebbe ein großer und weiter Strand, an dem du einige Kilometer lang spazieren kannst. Für Hunde ist dies ebenfalls ein wunderbarer Ort – viel Natur und wenig Menschen. Auch für Surfer gibt es hier ganz gute Wellen.

Offiziell natürlich nicht erlaubt, aber solange es niemanden stört und du kein Campingverhalten an den Tag legst, ist eine Übernachtung am Parkplatz in der Nähe des Strandes möglich (N 38°55‘48.2“ W 9°25‘07.3“).

Peniche

Peniche ist besonders beliebt bei Wassersportlern. Kein sonderlich hübscher Ort, die Küste und der Strand hingegen sind sehr einladend. Besonders schön finde ich den Strand von Baleal gleich um die Ecke von Peniche.

Der Stellplatz in Peniche (ASA Peniche Motorhome Park) wartet mit allen Annehmlichkeiten auf. Allerdings handelt es sich um einen betonierten Platz, der komplett von einer Steinmauer und Zaun umgeben ist, Ausblick also gleich null. Ich habe – in der Nebensaison, wohlgemerkt – auf dem Parkplatz am Strand von Baleal übernachtet (N 39°22‘18.9“ W 9°20‘13.0“).

Óbidos

Ein typischer historischer portugiesischer Ort: Óbidos. Das mittelalterliche Städtchen

Oben: Unterwegs in den Straßen von Lissabon, das auf keiner Reise nach Portugal fehlen darf!
Unten: Viel mehr Ruhe findet man im Douro-Tal im Norden Portugals.

ist eine der besterhaltenen Städte Portugals, vollständig von einer begehbaren Stadtmauer umgeben. Im März findet dort jedes Jahr das internationale Schokoladen-Festival statt. Die Stadt hat mir richtig gut gefallen, ich bin den halben Tag lang durch die kleinen Gassen geschlendert, habe mir ein paar Souvenirläden angeschaut und dort den berühmten Kirschlikör Ginja d'Óbidos probiert.

Ein kostenpflichtiger Stellplatz befindet sich am Viadukt von Óbidos (N 39°21'22.7" W 9°09'23.8").

Nazaré

In Nazaré habe ich einige Tage verbracht, die meiste Zeit am Nordstrand. Von dort aus kann man in den Ort laufen. Mit etwas Glück kannst du in Nazaré auch der Big Wave Challenge beiwohnen – ein spektakuläres Surf-Event, das meist gegen Ende des Jahres stattfindet.

Der Parkplatz am Nordstrand ist ideal zum Übernachten, zumindest in der Nebensaison gab es da nie Probleme (N 39°36'44.1" W 9°05'00.4"). Etwas weiter außerhalb von Nazaré gibt es auch Campingplätze.

Coimbra

Die älteste Universität Portugals befindet sich mitten in Coimbra. Der Ort ist wunderschön, ursprünglich, lebhaft und spannend. Die Stadt kann vom Parkplatz am Park aus gemütlich zu Fuß erkundet werden. Schöne enge Gassen, viele kleine Läden laden zum Entdecken ein.

Der Parkplatz im Park von Coimbra ist gut besucht, aber meistens findet sich irgendwo noch ein Plätzchen (N 40°11'58.7" W 8°25'44.9"). Ver- und Entsorgung ist zwar vorhanden, aber alles andere als praktisch – deshalb am besten vor der Anreise diese Dinge woanders erledigen.

Aveiro & Costa Nova do Prado

Das Venedig Portugals – so wird der kleine Küstenort Aveiro gern genannt, da auch er wie Venedig von Kanälen durchzogen wird, auf denen man auf schönen Gondeln gemütlich die Stadt erkunden kann. Von Aveiro aus empfehle ich noch einen Abstecher raus ans Meer, zur Praia da Costa Nova. Hier findest du die für Aveiro typischen mehrfarbig gestreiften Holzhäuser, die auch auf vielen Postkarten vertreten sind, dazu einen wunderschönen Strand und ein gut ausgebautes Radwegenetz.

Der Parkplatz in Aveiro (N 40°38'36.7" W 8°39'30.7") unter einer Brücke ist nicht sonderlich idyllisch, aber für einen Besuch in der Stadt sehr praktisch. Etwas ruhiger geht es auf dem Parkplatz an der Praia da Costa Nova zu (N 40°36'51.6" W 8°45'06.8").

Oben: Das Douro-Tal kann man am besten auf einer Schiffstour erkunden.
Unten: Eine kleine, versteckte Gasse in Porto, die wir während einer Walkingtour mit »The Worst Tours« erkundet haben.

Porto

Nach ein paar entspannten Tagen am Meer geht es weiter in eine der spannendsten Städte Portugals: nach Porto. Hier gibt es viel zu entdecken und zu erschmecken (Portwein!). Besonders empfehlen möchte ich die Walking-Tour von The Worst Tours – eine faszinierende Tour, die einen authentischen Einblick hinter die schönen (und bröckelnden) Fassaden der Stadt gibt.

Auf der gegenüberliegenden Seite des Flusses Douro befindet sich ein einfacher Parkplatz, der sich für die Übernachtung gut eignet (N 41°08'35.2" W 8°38'53.4") – es ist recht ruhig und das Stadtzentrum gut zu Fuß oder per Fahrrad am Fluss entlang zu erreichen.

Douro-Tal: Peso da Régua & Pinhão

Das Douro-Tal ist einfach traumhaft schön – eines der größten Weinanbaugebiete der Welt und Weltkulturdenkmal der UNESCO lädt zur Erkundung ein. In Peso da Régua gibt es eine Bootstour, die bis ins schöne Pinhão führt. Von dort aus fährt dann ein Zug wieder zurück nach Peso da Régua.

Im Wohnmobil kannst du gemütlich durch das ganze Dourotal fahren und die Gegend erkunden. Achte nur darauf, dass dich das Navigationssystem nicht in kleine abgelegene Seitenstraßen schickt. Denn dort sind die Straßen wirklich sehr eng und oftmals sehr steil.

Auf dem kostenlosen Wohnmobil-Parkplatz direkt am Fluss in Peso da Régua kann man wunderbar übernachten (N 41°09'20.4" W 7°46'48.7").

Guimarães

Guimarães ist quasi »die Wiege der Nation« – der Ort war die erste Hauptstadt Portugals und gehört heute zum Welterbe der UNESCO. Ein Besuch lohnt sich, um mehr über Portugals Geschichte zu erfahren; es werden auch geführte Touren durch die Stadt angeboten.

Der Parkplatz (N 41°26'55.7" W 8°17'21.3") direkt hinter der Burg von Guimarães ist groß genug für ein paar Wohnmobile.

Nationalpark Peneda-Gerês

Zum Schluss des Roadtrips durch den Norden Portugals gibt es mein persönliches Highlight: der Peneda-Gerês-Nationalpark – für Natur- und Wanderfreunde ein absolutes Muss: wandern, Rad fahren oder einfach mal innehalten und die Natur genießen!

Auf Wanderparkplätzen oder auf Parkplätzen am Ortsrand kannst du meist problemlos übernachten – im Zweifel am besten jemand vor Ort fragen.

Das ist typisch Portugal: Die Westküste bietet so viele wunderschöne Strände – viel Natur und wenige Menschen, ideal zum Verweilen!

Einzigartige Stimmung am Nordkap – Norwegen/Finnland

Nordkap

0 150 km
N
Nordkapp
Hammerfest
Tromsø
Andøya
Vesterålen
Narvik
Lofoten
Bodø
Inari
Rovaniemi
Oulu
Børgefjell-
Nationapark
NORWEGEN
SCHWEDEN
FINN-
LAND
Kristian-
sund
Trond-
heim
Vaasa
Turku
Åland
Eckerö
Mariehamn
Kapellskär
Stockholm
Odda
Oslo
Stavanger
Kristiansand
Vättern
Hirtshals
DÄNEMARK
OSTSEE
Torø
Malmö

NAPAPIIRI
ARCTIC CIRCLE
New York 6204
Moscow 1350
66°32'35"
ROVANIEMI
London 2260
Peking 6680
Athens 3206

Eine Reise ans Nordkap (von Rebecca)

Eine lange, aber traumhaft schöne Tour führt dich bis ans Nordkap in Norwegen. Rebecca hat ihre Reiseroute und Empfehlungen für die Reise durch Dänemark, Norwegen, Finnland und Schweden aufgeschrieben. Die Strecke umfasst über 7000 Kilometer – das kann man mal flink in drei Wochen abfahren, oder du nimmst dir drei Monate Zeit und erkundest die Länder ganz in Ruhe.

Wenn du diese Route planst, solltest du bedenken, dass du für 100 Kilometer nicht eine Stunde, sondern oftmals eher zwei Stunden brauchst. Geschwindigkeitsbegrenzungen, Tunnel, Fährverbindungen oder Tiere auf der Fahrbahn hindern dich oft an einem schnelleren Vorankommen. Dafür kannst du die Fahrt wesentlich mehr genießen, als du es vermutlich gewohnt bist. Also dann, auf zum Nordkap!

Übernachtungsplätze findest du fast überall in der weitläufigen Natur Skandinaviens, Camping- und Stellplätze sind ebenfalls in den meisten Orten vorhanden.

Fähre von Hirtshals (Dänemark) nach Kristiansand (Norwegen)

Die Anfahrt zur Fähre in Hirtshals kann schon am Vorabend erfolgen, denn rund um den Fährhafen kannst du entspannt stehen und übernachten. Besitzer kleinerer Fahrzeuge (Höhenbeschränkung) können sogar direkt am Wasser übernachten. Die Fähre von Hirtshals nach Kristiansand solltest du in der Hochsaison bereits im Vorfeld buchen.

Als ich in Kristiansand angekommen bin, habe ich erst einmal ein ruhiges Plätzchen gesucht und so in der Nähe von Fevik den angeblich schönsten Strand Südnorwegens gefunden: N 58°22‘35.7“ E 8°41‘14.8“. Falls du dich wunderst: Ja, das ist erst einmal die falsche Richtung und du fährst nachher wieder an Kristiansand vorbei. Aber du wirst sehen, der Abstecher lohnt sich!

Wenn du hier in Ruhe die erste norwegische Luft geschnuppert hast, kannst du Richtung Stavanger aufbrechen. Die Strecke geht teilweise am Meer entlang und teilweise ein wenig ins Inland. Für den ersten Abendspaziergang an der rauen Nordseeluft empfehle ich, einen Abstecher auf die Insel Fjøløy in der Provinz Rogaland zu machen. Ein bisschen erinnert mich die Umgebung dort an die deutsche Nordseeküste, nur sehr viel weitläufiger und idyllischer.

Stavanger

Wie wäre es, am Vormittag die Stadt ein wenig unsicher zu machen? Oder doch lieber ein feines Frühstück einzunehmen, irgendwo in der Natur? Du kannst dir auf jeden Fall viel

Oben: Auf meiner ersten Reise zum Nordkap, allerdings im Sommer
Unten: Vanlife im Winter auf den Lofoten. Die Strände laden nicht unbedingt zum Baden ein, aber Wandern ist eine gute Alternative.

Zeit lassen, denn es geht an diesem Tag nur nach Odda in Richtung der Trolltunga.

Odda & Trolltunga-Wanderung

Heute ist keine lange Fahrt eingeplant, eher ein ziemlich langer Fußweg. Die Trolltunga ist sehr bekannt und für viele Touristen ein Must-have-seen bei einem Besuch in Südnorwegen. Die »Trollzunge« selbst ist ein großer Felsvorsprung mit atemberaubendem Fernblick, etwa 700 Meter über dem Stausee Ringedalsvatnet.

Die Tour zur Trolltunga ist einigermaßen anspruchsvoll. Nicht nur 20 Kilometer Fußmarsch (hin und zurück) sind zurückzulegen, sondern auch noch etwa 900 Höhenmeter zu überwinden. Insgesamt ein ausgeprägter Zehn-Stunden-Trip. Einem ungeübten Wanderer würde ich diese lange Strecke nicht unbedingt empfehlen, rein technisch ist sie aber bei gutem Wetter recht einfach. Mit der richtigen Ausrüstung, Proviant und ein wenig Kondition durchaus machbar.

Auf der zehn Meter langen Zunge sind schon einige tolle Bilder entstanden, jetzt bekommst du auch deins. Oben angekommen, solltest du allerdings mit einer Wartezeit von ein bis zwei Stunden rechnen, wenn du ein Bild von dir auf der Trolltunga machen willst. Also bedenke das auch in der Kleiderwahl, auf 1100 Meter Höhe kann es schon einmal recht frisch werden.

Wenn dir diese Tour zu anstrengend ist, kannst du alternativ die wesentlich kürzere Wanderung zum Preikestolen machen. Beide Touren sind ein Touristenmagnet, aber auch wirklich zu Recht. Traumhafter Ausblick und tolle Erinnerungsfotos sind nämlich fast sicher.

Geirangerfjord

Egal, welche der beiden Touren du gestern gemacht hast, du wirst dich vermutlich über einen Reisetag mit vielen Stunden im Sitzen freuen. So ging es mir und meinem Muskelkater zumindest. Die Fahrt geht Richtung Geirangerfjord. Er ist einer der bekanntesten Fjorde in Süd-Norwegen und sogar UNESCO-Weltnaturerbe. Du kannst ihn von der Straße aus bereits bewundern und das geniale Panorama zum Beispiel von der »Adlerstraße« (norw.: Ørneveien) von Weitem einfangen. Es lohnt sich aber durchaus, bis ans Wasser zu fahren und den Fjord aus nächster Nähe zu betrachten.

Im Sommer empfehle ich eine Fahrt mit der Fähre der Hurtigruten. Besonders sehenswert sind außerdem die Wasserfälle rund um den Geirangerfjord.

Direkt am Fjord findest du einen kleinen Campingplatz. Ich denke, in der Hochsaison solltest du schon vorher reservieren (geirangercamping.no).

Die Landschaft auf den Lofoten in Norwegen ist selbst im Winter atemberaubend!

Trondheim

Die Reise geht weiter nach Trondheim. Die wohl spannendste Route führt über Kristiansund. Denn etwa 20 Kilometer südlich von Åndalsnes fährst du über die Trollstigen und kannst dort den wunderbaren Ausblick auf die Passstraße bewundern. Die Straße selbst ist recht eng, zeitweise sogar einspurig, doch auch mit größerem Gefährt machbar. Oben gibt es eine Aussichtsplattform mit traumhaftem Panorama und Blick auf die »Trollleiter«. Die historische Altstadt von Trondheim lockt dann zu einem Stadtbummel.

Børgefjell-Nationalpark

Weiter geht's Richtung Norden bis zum Børgefjell-Nationalpark. Mit einer Größe von 1447 Quadratkilometern geschütztem Gebiet lädt der Nationalpark förmlich zum Naturgenuss ein. Wenn du genug Zeit und Erfahrung hast, kannst du hier sicher die ein oder andere Tour wandern oder sogar eine Runde trekken. Sich einfach nur an der Ruhe und Abgeschiedenheit zu erfreuen ist aber auch Gold wert.

Lofoten

Heute überquerst du den nördlichen Polarkreis. Dort kannst du dir im Arctic Circle Centre die Ausstellung sowie einen Film anschauen und einen leckeren Kaffee mit Kuchen genießen. Danach fährst du gemütlich nach Bodø und von dort aus per Fähre nach Moskenes auf der Inselgruppe Lofoten.
Ich mag es am liebsten, eine Fährfahrt zu Sonnenauf- oder -untergang zu machen. Zu dieser Zeit ist auf Fähren einfach die schönste Stimmung und die Sonne auf dem weiten Meer untergehen zu sehen ist doch unbezahlbar!

i

Wolltest du schon immer mal einen Killerwal in freier Natur sehen? Die Wahrscheinlichkeit soll hier sehr groß sein: N 68°00'09.4" E 13°16'53.3".

Vesterålen & Andøya

Bei gutem Wetter lohnt es sich auf jeden Fall, eine Wanderung auf den Lofoten zu machen. Deiner Kreativität sind da keine Grenzen gesetzt. Es gibt einige Touren, die relativ leicht sind, aber auch einige anspruchsvolle. So oder so wird dich die Bergwelt der Lofoten mit Ausblick auf das Meer verzaubern.
Bei nicht so gutem Wetter oder fehlender Wanderlust kannst du noch weiter auf die Vesterålen und wenn du magst bis nach Andøya – die nördlichste Insel der Inselgruppe – fahren. Einsame Straßen, weite Landschaft, Felsen und das Meer erwarten dich. Ein wirklich traumhaftes Stück Erde.

Bjerkvik & Narvik

Egal, ob du von den Lofoten oder von den Vesterålen kommst, heute geht es Richtung

Oben: Winter auf den Lofoten, im Dachzelt – definitiv eine frostige Angelegenheit
Unten: Die »Trolls of Trollholmsund« in der Finnmark – eine lustige Steinformation direkt am Wasser

Norden bis nach Bjerkvik und Narvik. Hier kannst du mit der Narviker Seilbahn auf den Narvikfjell fahren. Im Winter erstreckt sich dort ein bekanntes Skigebiet, im Sommer tummeln sich eher Wanderer und Mountainbiker. Wenn du nicht gerade im Hochsommer vor Ort bist, siehst du mit etwas Glück Nordlichter. Im Sommer hingegen kannst du die Seilbahn bis 24 Uhr benutzen, um die Mitternachtssonne zu bewundern.

Badevegen

Weiter geht es an einen kleinen Wanderparkplatz an einem Strand bei Badevegen: N 69°47'26.4" E 21°01'36.4". Nichts Besonderes, aber trotzdem irgendwie nett. Alternativ kannst du einen Abstecher nach Tromsø machen und dort die berühmte Eismeerkathedrale und den historischen Stadtkern besichtigen.

Hammerfest

Es folgt der letzte Halt auf dem Weg ans Nordkap. Hammerfest gilt als die »nördlichste Stadt der Welt« – je nach Definition von »Stadt«. Auf dem Weg kannst du noch einen Zwischenstopp machen und den wunderbaren Ausblick auf den Atlantik etwas abseits der Wege genießen: N 70°33'13.0" E 24°06'30.2".

Das Nordkap

Endlich geschafft! Nach zwölf Tagen und etwa 4000 Kilometern bist du auf der Insel Magerøya angekommen, auf der sich das Nordkap befindet. Die Fahrt dorthin geht ein paar Stunden durch völliges Niemandsland. Im Sommer solltest du achtgeben, dass dir kein Rentier vor das Fahrzeug hoppelt.
Das Nordkap an sich ist, abgesehen von dem riesigen stählernen Globus und dem freien Ausblick auf das Meer, keine besondere Attraktion. Trotzdem hat der Ort etwas Magisches. Genieße also in Ruhe den Ausblick und das besondere Feeling, am »Ende der Welt« zu sein.
Außerdem empfehle ich dir unbedingt den Besuch der Nordkaphalle. Eine kleine Ausstellung zeigt die Historie des Hochplateaus. Vor allem aber der kurze Film über die vier Jahreszeiten auf der Insel ist sehenswert. Du solltest am Nordkap übernachten, um die Mitternachtssonne zu bewundern.

Inari (Finnland)

Wenn du dich am Nordkap genug umgesehen hast, fährst du weiter Richtung Inari in Finnland. Auf dem Weg solltest du dir keinesfalls die »Trolls of Trollholmsund« (N 70°17'57.0" E 25°09'45.2") entgehen lassen. Eine lustige Steinformation direkt am Wasser, die man in etwa 15 Gehminuten von einem Parkplatz aus besichtigen kann.
In Inari empfehle ich, den kleinen Berg bis zu einem Wanderparkplatz hinaufzufahren

Oben: Rebecca trotzt der Kälte und fährt mit ihrem Mini-Camper bis ans Nordkap.
Unten: Børgefjell Nationalpark. Mit einer Größe von 1447 km² geschütztem Gebiet lädt der Nationalpark förmlich zum Wandern und Natur genießen ein.

NY APP FOR
FERJERUTER
Eide & Frilund as

(N 68°51'24.4" E 27°07'35.7"). Du hast hier einen herrlichen Ausblick, Ruhe und die Möglichkeit, den Wald ein wenig zu erkunden.

Rovaniemi

Als Nächstes folgt die Weihnachtsmannstadt Rovaniemi. In dieser Stadt wohnen der Weihnachtsmann und sein gesamtes Gefolge. Du kannst hier den Weihnachtsmann persönlich treffen, Postkarten zum Fest verschicken, Souvenirs einkaufen und ein paar leckere Snacks verkosten. Wie wäre es mit einer Rentierpizza? Oder einem Rentierburger? Diese Stadt hat das ganze Jahr über offen und ist trotz der supertouristischen Aufmachung empfehlenswert. Wann sieht man schon einmal den Weihnachtsmann? Außerdem überquerst du hier wieder den nördlichen Polarkreis.

Oulu

Vermisst du schon das Meer? Die Ostsee ist nicht mehr weit und du fährst heute bis nach Oulu. Oulu ist die größte Stadt Nordfinnlands und bekannt für ihre ausgezeichnete Wellness-Kultur. Also gönne dir ruhig mal einen Tag »off«. Alternativ könnte das Freilichtmuseum Turkansaari zu einem spannenden Erlebnis werden, vorausgesetzt, du interessierst dich für historische Holzgebäude.

Vaasa

Heutiges Tagesziel ist Vaasa. Hier findest du einen kleinen Strand auf einer ebenso kleinen Insel zum Verweilen und Chillen: N 63°10'18.3" E 21°13'44.7".
In Vaasa könntest du schon die Fährverbindung nach Umeå nehmen und wärst ratzfatz in Schweden. Ich empfehle allerdings, über die Åland-Inseln zu reisen. Irgendwie haben die es mir angetan.

Turku

In Turku ist der letzte Zwischenstopp, bevor es weitergeht nach Schweden. Hier merkt man schon den schwedischen Einfluss. Offiziell ist die Stadt sogar zweisprachig. Besonders spannend ist in Turku die Burganlage, gerade weil es in Finnland so wenige Burgen gibt.

Fähre von Naantali nach Mariehamn (Åland)

Die Fähre von Naantali nach Mariehamn nimmst du am besten morgens. Denn so hast du einen ganzen Tag auf den schönen Åland-Inseln. Ich habe mich auf den Inseln super wohlgefühlt. Irgendwie strahlen sie etwas ganz Besonderes aus. Du kannst hier wunderbar wandern, umherschweifen und die Natur in vollen Zügen genießen.

Kapellskär & Vättern (Schweden)

Die nächste Fähre bringt dich von Eckerö nach Kapellskär ans schwedische Festland. In Kapellskär lohnt sich ein kleiner Spaziergang. Dann geht es weiter zum Vättern – dem

Oben: Fährfahrten sind in Norwegen sehr praktisch, um die Fjorde schnell zu überqueren.
Unten: In der Nähe von Hammerfest konnte Rebecca dem Spektakel der Nordlichter beiwohnen.

zweitgrößten See Schwedens. Auf den ersten Blick kann man gar nicht wahrnehmen, ob es ein See oder das ruhige Meer ist. Der See ist wirklich riesig. Mit seinem klaren Wasser lädt er im Sommer zum Baden und mit seinen tollen Uferwegen zu einem ausgeprägten Spaziergang oder einer kleinen Wanderung ein.

Malmö
Nun steht Malmö auf dem Programm. Nach so viel Ruhe und Einsamkeit wird dich diese Großstadt vermutlich erst einmal umhauen. Ihr besonderer Charme macht den gefühlten Stress wieder wett.

Torø (Dänemark)
Der heutige Weg führt dich über die berühmte Brücke von Schweden nach Dänemark. Bei gutem Wetter ein Traum – und der Ausblick entschädigt für die hohen Kosten der Überfahrt.
In Dänemark angekommen, lege ich dir die unbewohnte Halbinsel Torø, etwa zwei Kilometer südlich von Assens, als Zwischenstopp ans Herz. Dort kannst du dir in Ruhe noch einmal die Beine vertreten, Natur und die raue Seeluft genießen und die Reise ans Nordkap und zurück Revue passieren lassen. Komm gut nach Hause!

Die Berge hoch über dem Geirangerfjord in Norwegen bei Sonnenaufgang

Nordspanien ist so vielseitig – spannende Städte, Kultur, viel Natur, schöne Strände und gleich in der Nähe die Berge.

Spanien

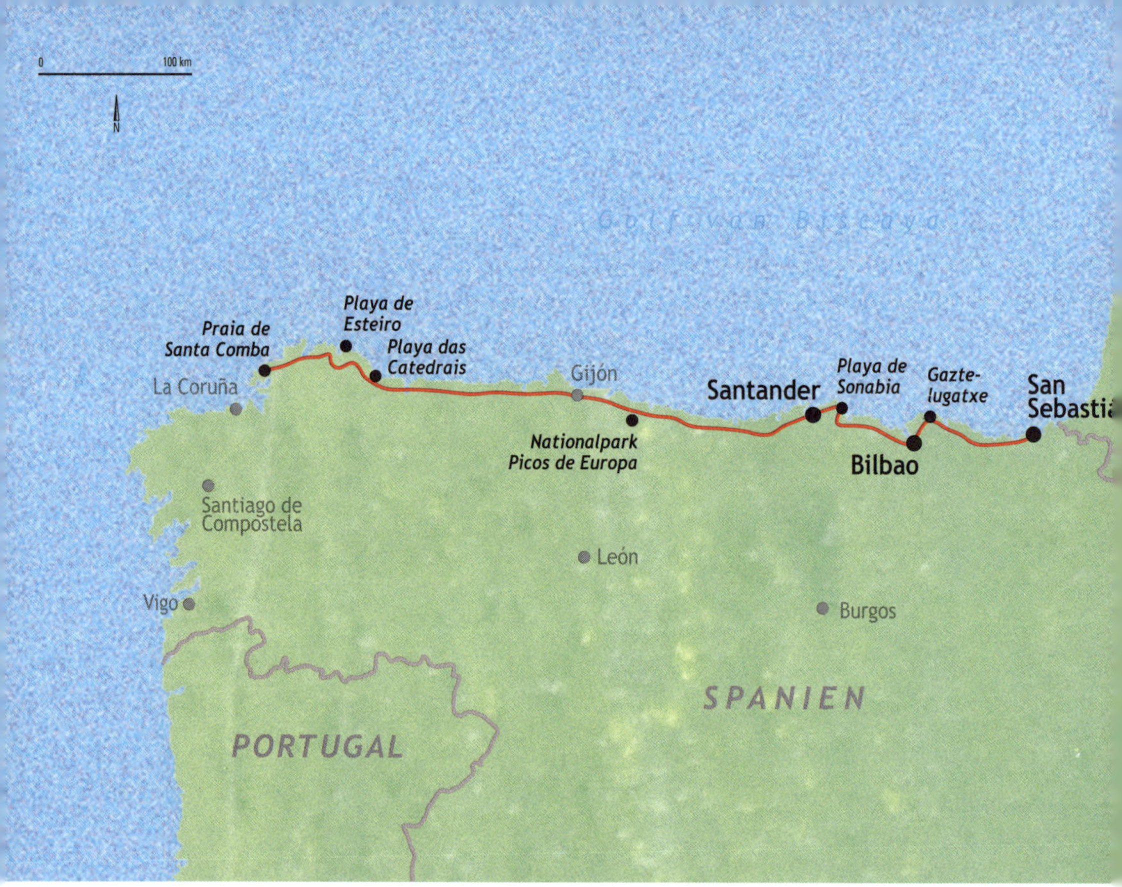
0
100 km
N
Golf van Biscaya
Praia de Santa Comba
Playa de Esteiro
Playa das Catedrais
La Coruña
Gijón
Santander
Playa de Sonabia
Gazte-lugatxe
San Sebastia
Bilbao
Nationalpark Picos de Europa
Santiago de Compostela
León
Vigo
Burgos
SPANIEN
PORTUGAL

Nordspanien: Traumstrände, Natur & Kultur

Nordspanien ist faszinierend, abwechslungsreich, grün und eignet sich perfekt für einen Roadtrip. Es locken schöne Strände, steile Klippen, die Berge der Picos de Europa und dazu spannende Städte wie Bilbao oder Santander. Für diese Strecke würde ich mindestens zwei bis drei Wochen einplanen. Los geht es im Nordosten Spaniens, in San Sebastián, und die Route führt entlang der Küste, mit Abstechern ins nahe gelegene Inland; wer will, fährt weiter bis an den westlichsten Zipfel – zum Kap Finisterre (galicisch: Cabo Fisterra), dem »Ende der Welt«.

San Sebastián

Angekommen im herrlichen Baskenland, ist San Sebastián der perfekte Start für den Roadtrip durch Nordspanien. Die Stadt liegt wunderschön in der Bucht Bahía de La Concha, umgeben von den Ausläufern der Pyrenäen, und sie bietet eine Menge kultureller Aktivitäten und vor allem sehr leckeres Essen! San Sebastián kann bequem zu Fuß erkundet werden, einen schönen Panoramablick über die Stadt findest du auf den Aussichtspunkten Igeldo, Urgull und Ulia.

Es gibt einen kleinen Stellplatz in der Stadt, der in der Hauptsaison jedoch schnell voll ist (Aparcamiento Autocaravanas, Berio Pasealekua, 12, 20018 Donostia, Gipuzkoa). Auch westlich von San Sebastián befinden sich Campingplätze.

Gaztelugatxe

Für alle Game of Thrones-Fans ist dieses Ausflugsziel ein Muss: Der Weg zur Ermita San Juan de Gaztelugatxe führt über eine schmale Steinbrücke, gefolgt von 241 Treppenstufen – im Sommer eine schweißtreibende Angelegenheit, aber es lohnt sich!

In der Hauptsaison sind die Parkplätze recht voll und Wohnmobile dürfen dort nicht halten – du solltest deshalb am besten auf den Rastplatz Ermu ausweichen, der weiter in Richtung Bermeo liegt.

Bilbao

Auf den ersten Blick ist Bilbao eine riesige Stadt, umgeben von unzähligen Schnellstraßen, auf den zweiten Blick ist sie eine sehr spannende Kulturmetropole. Bilbao lädt ein: zu langen Spaziergängen entlang des Flusses, einem Besuch im Guggenheim-Museum, zum Probieren der leckeren Pintxos.

Der offizielle Stellplatz hoch über Bilbao (Área de Autocaravanas de Kobetamendi, Kobeta, 31) besticht mit einem wundervollen Blick auf die Stadt. Von dort fährt regelmäßig ein Bus ins Stadtzentrum. Die Mitnahme von Hunden ist leider nicht erlaubt.

Wunderschöner Ausblick auf die Playa de Sonabia von oben. Hier gibt's auch schöne Wanderwege entlang der Küste.

Playa de Sonabia

Eine traumhaft schöne Bucht, umgeben von grünen Bergen, die zum Wandern verlocken – die ideale Kombination für ein paar Tage Entspannung. Eine tolle Wanderung führt vom Strand nach oben auf die Klippe – der Aufstieg ist recht anstrengend und hier und da wird man von den Bergziegen skeptisch beäugt. Oben angekommen, belohnt der traumhafte Ausblick über die Bucht die Mühen.

Offiziell ist das Übernachten hier verboten, aber in der Nebensaison sicherlich kein Problem.

Santander

Weiter geht die Reise gen Westen bis nach Santander. Die Stadt liegt direkt am Meer mit schönen Stränden und langen Uferpromenaden, die bis zum Palacio de la Magdalena führen. Santander finde ich wunderbar unaufgeregt – wie dafür gemacht, einfach durch die Straßen zu schlendern und von den lokalen Köstlichkeiten zu probieren.

Ein offizieller Stellplatz mit Ver- und Entsorgungsmöglichkeiten bietet Platz für bis zu zehn Campervans und liegt sehr schön an einem großen Park (Área de Autocaravanas de Santander, Calle Marino Fernández-Fontecha).

Nationalpark Picos de Europa

Mein absolutes Highlight in Nordspanien: die Picos de Europa, ein Nationalpark mit traumhafter Kulisse – hohe Berge, viel Grün, kleine Bergdörfchen. Es gibt viele spannende Wanderrouten, wie zum Beispiel die Ruta del Cares, die zehn Kilometer durch die Cares-Schlucht führt. Die Fahrt mit der Seilbahn Teleférico Fuente Dé hoch auf 1800 Meter ist sehr zu empfehlen, sowie die etwa 14 Kilometer lange Wanderung durch eine wunderschöne Landschaft zurück zur Seilbahn. Weitere schöne Orte im Nationalpark: Posada de Valdeón (dort befindet sich ein ansprechender Stellplatz direkt im Ort) oder das Bergdorf Bulnes (über eine schöne Wanderroute zu erreichen) mit Blick auf den Berg Naranjo de Bulnes. Die Straßen im Nationalpark sind sehr gut ausgebaut und auch problemlos mit dem Campervan zu befahren.

Etwa einen Kilometer von Potes entfernt liegt der schöne Campingplatz La Viorna (Carretera Sto. Toribio, 39586 Santo Toribio, campinglaviorna.com). Von hier bieten sich viele Ausflüge an: zur Fuente Dé oder Wanderungen in der Region. In Arenas de Cabrales ist das Übernachten auf dem großen Parkplatz am Ortseingang möglich (Lugar las Arenas, 214). Von dort fährt ein Linienbus zum Start der Wanderung der Ruta del Cares sowie ins schöne Bulnes.

Die Steilküsten in Nordspanien sind schon sehr abenteuerlich. Das Haus direkt an der Klippe … das sieht gefährlich aus!

Praia das Catedrais

Der berühmte Kathedralen-Strand lockt jedes Jahr so viele Besucher, dass man im Sommer ein (kostenloses) Ticket reservieren muss, da die Anzahl der täglichen Gäste am Strand limitiert wurde. Erkunde den Strand am besten bei Ebbe, denn nur dann kannst du durch die vielen beeindruckenden Felsformationen spazieren.

Übernachten kannst du am Parkplatz gleich in der Nähe (Area Sosta Camper, Carretera LU-P-0610, 27795 Ribadeo). Nicht schön, aber praktisch.

Playa de Esteiro

Ein weiterer schöner Strand, an dem auch das Übernachten im Camper möglich ist: die Playa de Esteiro. Der Strand liegt malerisch, es gibt schattige Parkplätze zwischen den Bäumen und eine tolle Wanderroute, die auf den Klippen entlangführt. Sie ist Teil des Camino Natural Ruta del Cantábrico.

Mit dem Camper ist das Übernachten hier möglich: N 43°44'57.0" W 7°43'18.0". Ganz in der Nähe befindet sich ein Café, das zumindest am Wochenende geöffnet hat.

Praia de Santa Comba

Noch ein Traumstrand wartet ein paar Kilometer weiter. An die Praia de Santa Comba zieht es viele Surfer. Direkt daneben befindet sich auf einer kleinen Insel die Kapelle Ermida de Santa Comba, welche nur bei Ebbe zu erreichen ist. Außerdem führen schöne Wanderwege an der Küste entlang.

Übernachten ist am Parkplatz möglich, am besten etwas abseits, um den Tagestouristen nicht im Weg zu stehen: N 43°33'28.4" W 8°16'55.0".

Wenn du noch weiter fahren möchtest, solltest du die schönen Orte A Coruña und Santiago de Compostela besuchen sowie das beeindruckende Cabo Finisterra. Einst galt das Kap als das westliche Ende der bekannten Welt; weit geht die Sicht von dort über den oft rauen Atlantik.

Oben: Unterwegs in den Picos de Europa – ein Traum für Outdoor-Fans!
Unten: Bilbao ist eine spannende Stadt, einen Besuch kann ich nur empfehlen! Der Stellplatz für Camper dort ist ebenfalls sehr schön gelegen.

Lisa war auf einer ihrer ersten Reise im Campervan in der Türkei unterwegs und absolut begeistert von dem Land und den Menschen. Ich plane bereits meinen Roadtrip durch die Türkei im nächsten Winter …

Türkei

İzmir
Çeşme
Alaçatı
TÜRKEI
Ephesos (Efes)
Selçuk
Kuşadası
Dilek Peninsula
National Park
Söke
Bafa-Gölü-Salzsee
Denizli
Isparta
Antalya
Marmaris
Fethiye
Çıralı
Kaputaş Plajı
Kaş
MITTELMEER
0
50 km

Streifzug durch die Türkei (von Lisa)

Ein Highlight auf Lisas Reisen war die folgende Tour durch die Türkei – ein spannender Mix aus wunderschöner Natur, Traumstränden, trubeligen Städtchen und historischen Orten. Die Strecke umfasst insgesamt etwa 720 Kilometer und kann in zwei bis drei Wochen mit dem Camper erkundet werden. Zugegeben: Als passendes Reiseland für Vanlife-Anfänger kam mir die Türkei nicht direkt in den Sinn, aber Lisa wird dich vom Gegenteil überzeugen.

Izmir

Izmir – drittgrößte Stadt der Türkei und Viermillionen-Metropole an der Ägäis. Tagsüber schlenderst du über den bunten Bazar Kemeraltı, besichtigst dabei das Wahrzeichen der Stadt, den Uhrenturm (Saat Kulesi), nachts geht es zum Feiern ins Clubviertel Alsancak. Die neue Straßenbahn bringt dich komfortabel zum Asansör, der einen wunderbaren Blick über die Bucht von Izmir bietet. Wer noch höher hinaus möchte, fährt mit der Teleferik auf den Hausberg des Viertels Balçova. Auf dem großen Gipfelplateau kann ein Grill gemietet und Grillgut gekauft werden, um dort einen gemütlichen Nachmittag zu verbringen. Zu Fuß, per Rad oder auf Skates kannst du die neu gestaltete Uferpromenade genießen.

Übernachten lässt sich gut auf diesem Parkplatz: N 38°24‘22.2“ E 27°03‘49.0“. Nur wenige Hundert Meter entfernt befindet sich neben der Tramhaltestelle das Fährterminal Üçkuyular, um mit oder ohne Fahrzeug z. B. ins hübsche Viertel Karşıyaka zu gelangen. Läufst du vom Parkplatz aus in die andere Richtung, gibt es im Viertel Inciraltı jede Menge Restaurants am Meer, wo du auch schön frühstücken kannst.

Selçuk und Ephesos: Die berühmten A usgrabungen von Ephesos liegen nahe dem Haus der heiligen Jungfrau Maria Meryem Ana Heykeli und den Siebenschläferhöhlen.

Halbinsel Çeşme & Alaçatı

Eine kleine Stadt, herausgeputzt und schick gemacht: Çeşme. Von hier lohnt sich ein Tagesausflug mit dem Schiff in versteckte Buchten mit glasklarem Wasser, wofür diese Gegend bekannt ist. Wer lieber an Land bleibt, kann nach einer Besichtigung der Burg – eine restaurierte militärische Festung, die als archäologisches Museum dient – mit Blick aufs Meer Eis und lokale Spezialitäten genießen.

Gegenüber dem großen breiten Sandstrand Ilıca befindet sich eine heiße Quelle (N 38°18‘47.8“ E 26°21‘39.5“).

Eine halbe Stunde von Çeşme entfernt liegt die Spitze der gleichnamigen, langen Halbinsel – mit Sandstränden auf beiden Seiten. Zur Sommersaison gelangt man an den südlichen Abschnitt nur, wenn man in einem der vielen Beachclubs Eintritt zahlt. Der nördliche Strand ist ursprünglicher und kostenfrei.

Auf dem nahe gelegenen großen Markt in Alaçatı (N 38°16'44.3" E 26°22'47.8") gibt es samstags alles, was das Herz begehrt. In der südlichen Bucht von Alaçatı kommen Wind- und Kitesurfer auf ihre Kosten. Hier gibt es außerdem wunderschöne Luxusvillen direkt am Wasser zu bestaunen.

Übernachten kannst du zentrumsnah auf einem der nebeneinanderliegenden Campingplätze Önder Camping oder Yat Camping (saubere sanitäre Anlagen, Waschmaschine). Alternativ auf dem Parkplatz vor der Vogelinsel gegen eine 24-Stunden-Parkgebühr (siehe Parkschilder).

Selçuk & Ephesos (Efes)

Ein kleines Open-Air-Museum: Die berühmten Ausgrabungen von Ephesos, das früher direkt am Meer lag und ein bedeutender Hafen gewesen ist, liegen nahe dem Haus der Heiligen Jungfrau Maria und den Siebenschläfer-Höhlen. Auf dem Weg von Selçuk nach Süden gibt es die Möglichkeit, sich die Gegend vom Rücken eines Pferdes aus anzusehen.

Der sieben Kilometer entfernte breite Strand Pamucak ist zum Großteil mit Fahrzeugen befahrbar. Wer will, übernachtet dort. Alternativ gibt es einen Campingplatz oder den Parkplatz einer der Strandbars.

Kuşadası

Eine Küstenstadt mit kleinem Stadtstrand: Kuşadası. Es locken jede Menge Einkaufsmöglichkeiten und die sehenswerte Vogelinsel mit einer Festung aus dem 14. Jahrhundert, die kürzlich renoviert wurde. Vor der Insel legen die Ausflugsboote ab.

Dilek Peninsula National Park & Söke

Der Nationalpark eignet sich bestens für lange Wanderungen. Für nähere Informationen zu den Routen (z. B. Rundtouren in und um den Canyon bis 35 km oder einfache Strecken bis zum Aussichtspunkt, ca. 10 km) am besten am Eingang zum Park fragen oder die Hinweisschilder beachten.

Strände und Natur werden hier gepflegt und penibel sauber gehalten. Das gefällt auch der Tierwelt. Häufig gibt es an den Stränden Tische und Bänke zum Picknicken, Toiletten und manchmal Duschmöglichkeiten.

Kurz vor der Einfahrt in den Nationalpark lohnt ein kleiner Stopp bei der Höhle Zeus Mağarası: Im klaren, tiefblauen Wasser soll sich einer Sage nach Zeus vor seinem Bruder versteckt haben. Außerdem gibt es dort eine Wasserquelle.

Oben: Ein Besuch auf dem Bazar Kemeraltı in Izmir
Unten: Kaputas Plajı, einer der berühmtesten Strände der Türkei

ÇİÇEK IHLAMUR 150₺
Yeni Mahsul
TARÇIN
5 TL
TAZE
ZENCEFİL
ASTIM-BRONŞİT
BALGAM SÖKTÜRÜCÜ
ŞEKER DÜŞÜRÜCÜ
NEFES DARLIĞI ÖKSÜRÜK
İLTİHAP KURUTUCU
CİNSEL GÜÇ ARTIRICI
30₺
LÜTFEN
EL
DOĞAL
VIAGRA
NANESİ
SUMAK
ROSE TEA

Im Nationalpark ist das Übernachten nicht erlaubt, dafür am Einkaufszentrum von Söke (Novada Outlet). Auf seinem Parkplatz gibt es extra ausgewiesene Wohnmobilparkplätze (N 37°46'00.8" E 27°25'33.1").

Bafa-Gölü-Salzsee

Aufgrund besonderer Steinformationen ist die Region ein Paradies zum Bouldern, aber auch bei Wanderern ist sie sehr beliebt. Der See Bafa, eine abgeschnittene Meeresbucht, ist immer noch leicht salzig.

Freies Stehen in der Natur ist möglich oder du fragst bei den nahe gelegenen Pensionen oder Zeltplätzen nach (N 37°30'06.5" E 27°31'20.5").

Marmaris

Die Stadt Marmaris liegt in einer traumhaften Landschaft, die Berge, üppige Vegetation und das Meer vereint. Hier kannst du in der Kapalı Çarşı shoppen, einen Tagesausflug per Boot unternehmen und am Abend mit Blick auf Luxusjachten lecker essen. Für die Nachtschwärmer gibt es eine Bar neben der anderen an Marmaris' Strandmeile oder die Disco-Straße in der Nähe des Hafens, die keine musikalischen Wünsche offen und keine Kehle trocken lässt.
Absolut lohnenswert sind außerdem Ausflüge nach Içmeler oder ins pulsierende Dorf Akyaka, wo sich entlang des kühlenden Flusses viele Restaurants und im Ortskern ein paar gute Bars befinden. Akyaka ist außerdem eine Hochburg für Kitesurfer, die tagsüber über die Wellen der nahe gelegenen Bucht jagen.

Auf der Nordseite der Bucht kannst du auf einem der Campingplätze übernachten, z. B. Akyaka Orman Kampı (N 37°03'13.0" E 28°19'03.6") oder du findest einen Platz in einer der zahlreichen Buchten auf dem weiteren Weg entlang der Küste

Fethiye

In Fethiye finden sich einige der eindrucksvollsten und größten Felsengräber der lykischen Zeit mit atemberaubendem Ausblick übers Meer. Diese, die Stadt sowie die neu gestaltete Strandpromenade mit Fahrradweg lassen sich bequem mit einem Zweirad besichtigen.
Auch auf dem weiteren Weg in Richtung Süden gibt es viele wunderschöne Gründe, die Fernstraße D 400 zu verlassen, um den einen oder anderen Stopp am Meer einzulegen – einfach den braunen Schildern folgen.

Saat Kulesi, der berühmte Uhrenturm von Izmir, am Konak-Platz in unmittelbarer Nähe zur Yalı-Moschee

Zahlreiche kostenlose Parkplätze eignen sich in Fethiye auch zur Übernachtung. Zum Beispiel direkt gegenüber der Strandpromenade oder auf dem großen Parkplatz in der Stadt. Wer es ruhiger mag, wird am nördlichen Ende der Halbinsel westlich von Fethiye fündig.

Kaputaş Plajı

Auf dem Weg zu einem der berühmtesten Strände der Türkei, zum Kaputaş Plajı, lohnt sich ein Abstecher nach Saklıkent, wenn du ein Abenteuer im kühlen Nass einer Schlucht suchst. Ruhiger geht es am breiten Sand- und Kieselstrand von Kaputaş zu, der versteckt in einer Bucht liegt und den man nur über unzählige Treppenstufen erreicht.

Übernachten empfehle ich hier nicht – es sind nur Parkbuchten entlang der Küstenstraße vorhanden.

Kaş

Kaş, diese kleine Stadt am Meer, hat einen ganz besonderen Charme, den du beim Flanieren durch die engen Gassen und beim Genuss von Hausmannskost (türkisch: ev yemekleri) oder einem richtigen Fruchteis auf dich wirken lassen kannst. Rundherum gibt es einige hübsche kleine Strände sowie ein renoviertes Amphitheater, das Antiphellos Antik Kenti, von wo du einen eindrucksvollen Sonnenuntergang über dem Meer erleben kannst.

Zum Übernachten bietet sich entweder freies Stehen in der Zufahrtsstraße zum Amphitheater an oder der Campingplatz Kaş Camping. Vorsicht: Beides ist nur von Westen her erreichbar – der Weg durch die Stadt ist eng und endet in einer Sackgasse.

Çıralı

Genauso wie die Strecke nach Kaş traumhaft an der Küste entlangführt, gehört die Strecke von Demre bis Finike zu einer der schönsten Küstenstraßen weltweit. Du solltest sie unbedingt in deinem eigenen Tempo genießen. Weiter geht's in die Berge, ins kleine Ökodorf Çıralı. Es gibt keine Hotels, nur kleine Anlagen, Restaurants, Märkte, Bungalows und Häuser. Der Strand ist kilometerlang und bietet an beiden Enden touristische Highlights: Nördlich findest du nach einem steilen Aufstieg Yanartaş, brennende Feuer im Fels aufgrund unterirdischer Gasvorkommen. Südlich liegen die Überreste der Stadt Olympos. An klaren Tagen ist auch ein Ausflug auf den 2366 Meter hohen Tahtalı Dağı, ganz in der Nähe, ein tolles Erlebnis.

»Campings« gibt es in dieser Gegend unendlich viele, doch die meisten sind für Zelte ausgelegt. Ein Parkplatz mit Übernachtungsmöglichkeit ist z. B. hier: N 36°24'23.3" E 30°28'43.1".

Oben: Die Zeus-Höhle (Zeus Mağarası) liegt direkt am nördlichen Eingang zum Nationalpark bei Güzelçamlı. Unten: Bootstour in versteckte Buchten mit glasklarem Wasser auf der Halbinsel Çeşme.

Saint
SAILING TRIPS

Wandern geht immer und fast überall. Hier war ich mit Freunden unterwegs in den Bergen Nordgriechenlands.

Und zum Schluss ...

Über drei Jahre lebe ich nun im Van und ich könnte mir für mich kein schöneres Leben vorstellen. In der Zeit unterwegs habe ich viele tolle Menschen kennengelernt, die ebenfalls im Van leben oder sich zumindest so ein Leben sehr gut vorstellen können. Aber natürlich treffe ich auch Menschen, für die das überhaupt nicht infrage kommt. Auch das ist in Ordnung. Nicht jeder mag dieses »unstete« Leben auf Rädern.
Alleinreisenden Frauen begegne ich bisher eher selten und ich wünsche mir, dass noch viel mehr Mädels losziehen und ihr eigenes Ding machen. Ich hoffe, mit diesem Buch konnte ich dir einen guten Einblick in das Leben im Van geben – über die ganz alltäglichen Dinge des Vanlifes bis hin zu Ideen und Tipps für deinen ersten Roadtrip. Wie du gesehen hast, ist der Start ins Vanlife gar nicht so schwer, wenn man sich vorab ein paar Gedanken macht, Tipps einholt und nichts überstürzt. Inzwischen gibt es auch viele Gruppen und Informationen online, sodass du auf große Unterstützung zählen kannst – auch unterwegs. Schau gerne bei www.vangirls.de vorbei, dort habe ich eine Liste mit hilfreichen Informationen zusammengestellt als Ergänzung zu den Informationen im Buch. Es gibt also keinen Grund, nicht allein loszuziehen, oder? Wenn es dein Traum ist, im Van zu leben, dann leg los! Solltest du noch immer Zweifel oder Fragen haben, melde dich gerne bei mir oder lass dich von den anderen Vanlife-Mädels inspirieren.
Zur Entstehung dieses Buches haben natürlich alle 16 Vangirls, die ich interviewen durfte, wesentlich beigetragen. Ein großes Dankeschön an Anita, Anja, Daria, Eileen, Heike, Jane, Lilli, Kerstin, Lisa, Liselle, Miriam, Nadia, Rebecca, Susanne, Tabea und Zoe.
Danke ebenso an Nima und Nicole für Ideen und Feedback zum Inhalt des Buches, an Rene für Fotos, an Sebastian für den Sprung in die Düne, und ein dickes Dankeschön geht nicht zuletzt an meinen Vandog Marko, der netterweise sehr geduldig war, wenn ich mal länger am Rechner gesessen und am Buch gearbeitet habe.

Ich wünsche dir allzeit eine gute Reise im Van!

Deine Mandy

Oben: In meinem rollenden Zuhause unterwegs in Schweden, ganz am Anfang meiner Reise
Unten: Dünen-Hüpfen in Portugal, wo ich mit Freunden die Weihnachtsfeiertage am Meer verbracht habe.

VANTOURER

EURO
CARAVANING
THULE

REGISTER

SACHREGISTER

A
Abwasser 83
Anfänger 45
Apps 51
Arbeiten 87, 91
Auffahrkeile 38
Ausbau 32
Ausstattung 27
Autokauf 35
Autosuche 35

B
Bett 27
Bodylotion 74

C
Couchsurfing 84

D
Diebstahl 112
Digitale Nomaden 87
Dokumente 41
Dusche 32
Dusche 55

E
Einbruch 112
Einkaufen 70
Ersatzreifen 38
Ersatzschlüssel 38

F
Facebook 84
Feuerlöscher 41
Finanzen 93

G
Geldfrage 24
Größe des Vans 27
Grundausrüstung 38

H
Haarseife 74
Handwäsche 73
Heizung 32
Hund 96, 99
– Autofahren mit Hund 99
– Futter 99
– Gefahren 100
– Hundeschule 103
– Impfungen 99
– Krankheit 104
– Nachteile 103
– Reisebestimmungen 99
– Sicherung 99
– Socializing 100
– Unterlagen 99
– Wetter 107

I
Inneneinrichtung 32
Internet 92

J
Jobs finden 91

K
Kochen 67
Kosmetik 74
Kosmetik 77
Kosten 64
Kreditkarte 42
Küche 28
Kühlschrank 28

M
Menstruationstasse 77
Müll 81

N
Nachteile 108

O
Onlinejobs 91
P
Panne 111
Pannenausrüstung 38
Parkscheibe 41

R
Reisepass 41
Reiseregeln 59

S
Sandbleche 38
Sicherheitsvorkehrungen 60
Standheizung 32
Starterkabel 41
Staubsauger 78
Stellplatz 51
Steuern 93
Straßenhunde 107
Stromkabel 38
Stromversorgung 31

T
Toilette 28, 55, 83
TÜV 32

U
Übernachtungsplatz 51
Unterlagen 41

V
Vanlife sucks 108
Versicherungen 60
Versicherungsunterlagen 41
Vorzelt 38

W
Wagenheber 38
Waschanlage 78
Waschen 73
Wäscherei 74
Waschsalon 73
Wasseranschlüsse 38
Wassertank 32
Wasserversorgung 81
Werkzeug 38
Wildcamping 55

ORTSREGISTER

A
Alaçatı 253
Andøya 235
Aveiro 224

B
Badevegen 236
Bafa-Gölü-Salzsee 257
Bilbao 245
Bjerkvik 235
Børgefjell-Nationalpark 235

C
Cabo de Roca 221
Cascais 221
Çe me 253
Çıralı 258
Coimbra 224
Costa Nova do Prado 224

D
Dilek Peninsula National Park 254
Douro-Tal 227

E
Ephesos 254

F
Fethiye 257

G
Gaztelugatxe 245
Geirangerfjord 232
Guimarães 227

H
Hammerfest 236

I
Inari 236
Izmir 253

K
Kapellskär 239
Kaputaş Plajı 258
Kaş 258
Kivik 214

L
Lissabon 221
Lofoten 235

M
Malmö 240
Mariehamn 239
Markaryd 214
Marmaris 257

N
Naantali 239
Narvik 235
Nationalpark Peneda-Gerês 227
Nationalpark Picos de Europa 246
Nazaré 224
Nordkap 231

O
Óbidos 223
Odda 232
Oulu 239

P
Peniche 223
Playa de Esteiro 249
Playa de Sonabia 246
Porto 227
Portugal 221
Praia das Catedrais 249
Praia de Santa Comba 249
Praia do São Julião 223

R
Rovaniemi 239

S
San Sebastián 245
Santander 246
Schweden 213
Selçuk 253
Simrishamn 214
Sintra 223
Skanör 213
Skillinge 213
Söke 254
Spanien 245
Stavanger 231

T
Torø 240
Tosteberga 214
Trolltunga 232
Trondheim 235
Türkei 253
Turku 239

V
Vaasa 239
Vättern 239
Vesterålen 235
Ystad 213

Ebenfalls erhältlich ...

ISBN 978-3-7343-2003-3

ISBN 978-3-7343-1698-2

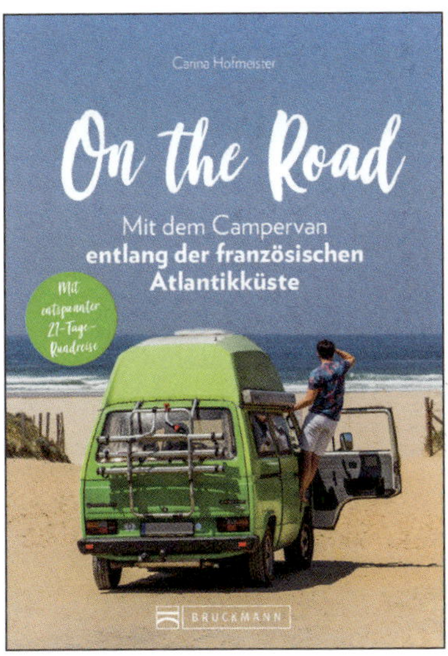

ISBN 978-3-7343-1834-4

ISBN 978-3-7343-1592-3

BRUCKMANN

www.bruckmann.de

Manche Nacht verbringe ich auch in der Nähe von Städten (hier: Vaasa in Finnland), aber immer so, dass ich mit dem Van niemanden störe.

EURO
CARAVANING

IMPRESSUM

Verantwortlich: Kerstin Thiele
Redaktion: Michaela Zelfel
Layout: Eva-Maria Klaffenböck
Repro: LUDWIG:media
Umschlaggestaltung: Helene Schumacher
Herstellung: Anna Katavic
Printed in Slovenia by Florjancic

★★★★★

Sind Sie mit diesem Titel zufrieden? Dann würden wir uns über Ihre Weiterempfehlung freuen. Erzählen Sie es im Freundeskreis, berichten Sie Ihrem Buchhändler, oder bewerten Sie beim Onlinekauf. Und wenn Sie Kritik, Korrekturen, Aktualisierungen haben, freuen wir uns über Ihre Nachricht an Bruckmann Verlag, Postfach 40 02 09, D-80702 München oder per E-Mail an lektorat@verlagshaus.de.

Unser komplettes Programm finden Sie unter

www.bruckmann.de

Bildnachweis:
Alle Fotos von der Autorin bzw. von den vorgestellten VANgirls, außer: S. 10 shutterstock/ohrim; S. 11 o. Daria Rader; S.41 o. shutterstock/alexfan32; S. 57 shutterstock/DeRepente; S. 75: Christina Lauterkorn; S. 122/123 sutterstock/ Predrag Milasavijeviv; S. 166 unten: Dennis Brandt Photographie; S. 170 oben: Franzi Barth; S. 218/219 mauritius images/Alamy/Luis Elvas; S.228/229 shutterstock/Anibal Trejo.

VANgirls: S. 126–129: Anita Zumkeller; S. 130–133: Anja Müller; S. 134–139: Daria Radler; S. 140–145: Eileen Kretschmann; S. 146–153: Heike M. Baghbani; S. 154–157: Jane Bunt; S. 158–163: Lilli Mixich; S. 164/165: Kerstin Thiel; S. 166–169; S. 251–259: Lisa Caravancı; S. 170–175: Liselle Bardoni; S. 176 u. re. shutterstock/Stoyanh; S. 179 shutterstock/Predag Milosavjevic; S. 176–179: Miriam Klieve; S. 180–185: Nadia Aljunied; S. 186–189; S. 229–238: Rebecca Ro; S. 190–193: Susanne Lohse; S. 194–197: Tabea Schmid; S. 198–205: Zoe Katharina

Titelbild: Stefan Meier

Die Deutsche Nationalbibliothek verzeichnet diese Publikation in der Deutschen Nationalbibliografie; detaillierte bibliografische Daten sind im Internet über http://dnb.d-nb.de abrufbar.

2. aktualisierte Neuauflage

ISBN 978-3-7343-1577-0